僧侶はなぜ仏像を破壊したのか

国宝に秘められた神仏分離・廃仏毀釈の闇

古川順弘

宝島
SUGOI
文庫

宝島社

仏たちの明治維新

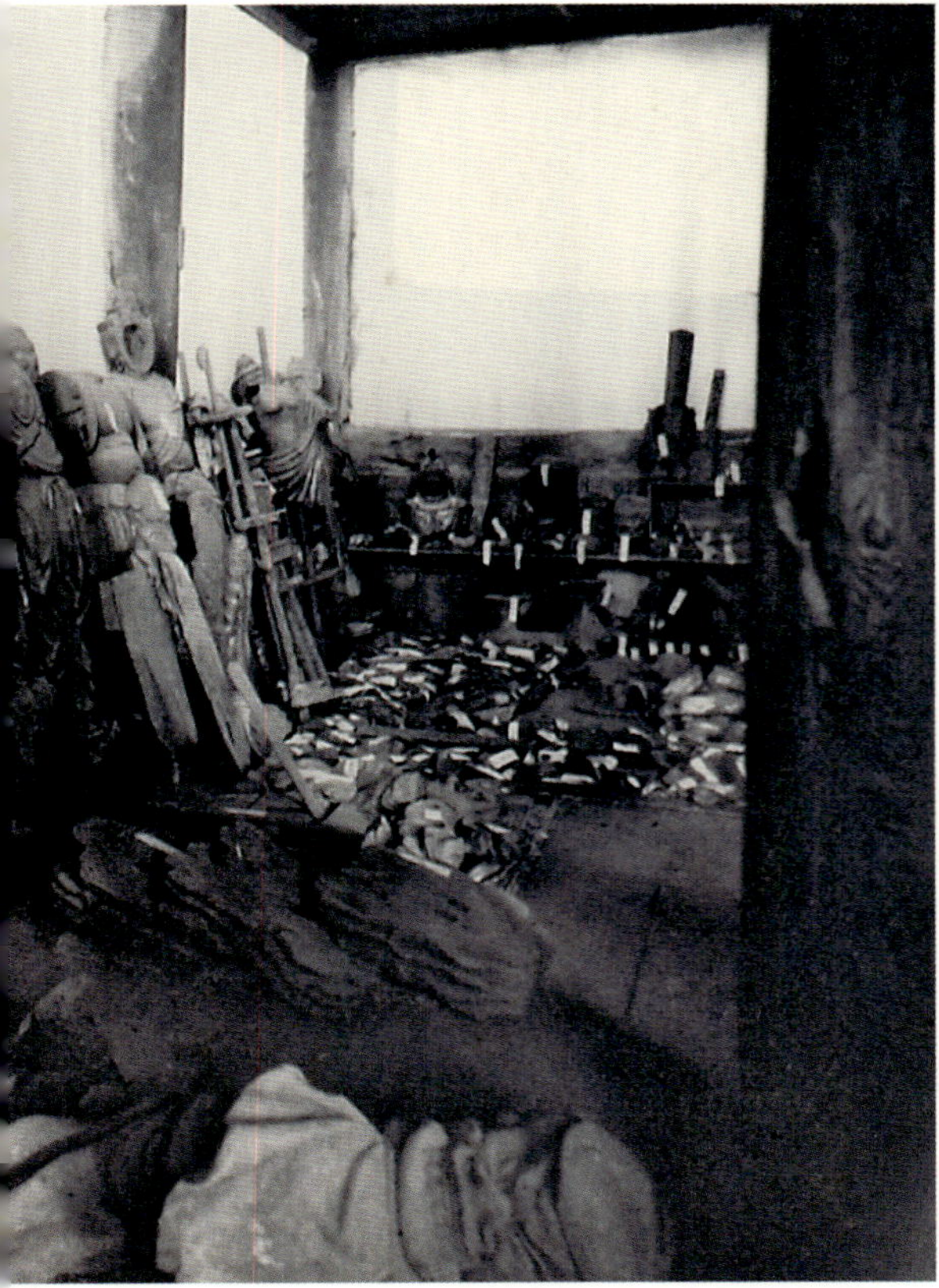

奈良の興福寺東金堂に置かれた破損仏。明治21～22年（1888～89）に岡倉天心やフェノロサらが中心になって実施された文化財調査に随行した写真家小川一真が撮影。明治の廃仏毀釈で被害を受けたと思われる仏像が並べられている。
「彫刻写真帖　興福寺　東金堂破損仏」（部分）東京国立博物館　Image：TNM Image Archives（写真撮影：小川一真）

2～3ページの写真同様、文化財調査で小川一真が撮影した興福寺中金堂内陣。小川がつけたタイトルは「東金堂集合仏像」となっているが、実際には中金堂内とみられる。明治維新にともなう明治4年（1871）の上知令によって接収され、県庁舎などに転用されていた中金堂は、明治14年の興福寺再興認可にともない返却されたが、床面に直接、阿修羅や迦楼羅の八部衆、金剛力士、法相六祖、無著・世親像など、貴重な仏像が乱雑に配置されている。なお、本書のカバー写真は古美術写真の先駆け工藤利三郎が撮影した興福寺阿修羅像。正確な撮影年は不明だが、明治35年以前とみられる。廃仏毀釈時の被害か、腕の一部が欠損している。今日、日本で最も有名な仏像の1軀の修復前の姿を伝える貴重な1枚。

「彫刻写真帖　興福寺　東金堂集合仏像」（部分）東京国立博物館　Image：TNM Image Archives

現在、東京国立博物館が所蔵する文殊菩薩五尊像も神仏分離にともない興福寺から民間に流出した仏像の1つ。文永10年（1273）に運慶の孫、康円によってつくられたこの仏像は、破却された勧学院の本尊だった。
出典：ColBase（https://colbase.nich.go.jp/）

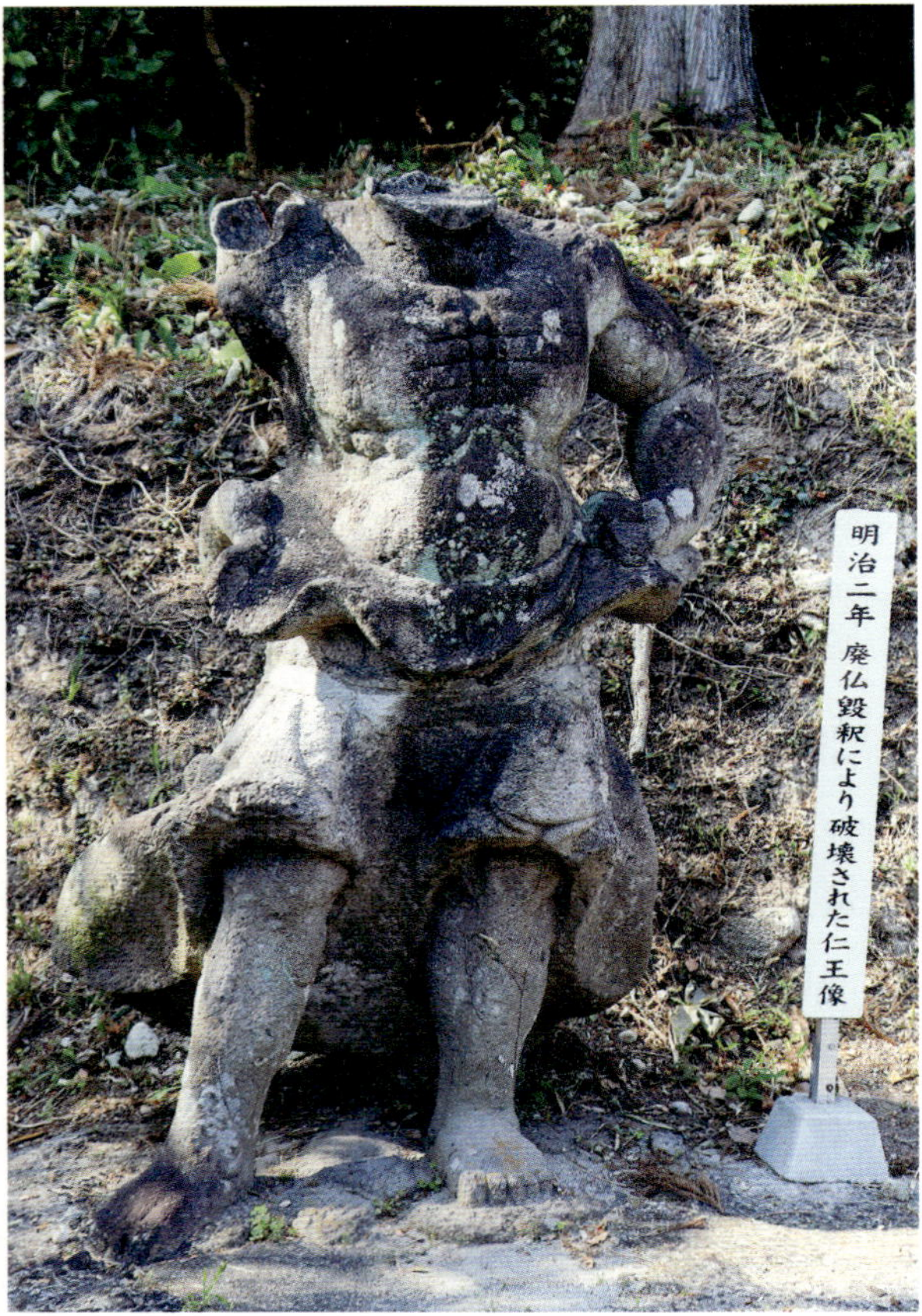

明治２年（1869）に神仏分離で廃寺となった園林寺《おんりんじ》跡（鹿児島県日置市）に残された廃仏毀釈で破壊された仁王像。吉利領主小松家の菩提寺であった同寺跡には、島津家家老として大政奉還を将軍徳川慶喜に進言するなど明治維新の礎を築いた小松帯刀も眠る。©photolibrary

6世紀代の前方後円墳として東日本最大級の七輿山古墳（群馬県藤岡市）。春には古墳の上に満開の桜が咲き誇ることで知られる、その後円部頂上に鎮座する“首なし”の釈迦如来三尊像。獅子に騎乗した首を落とされた文殊菩薩が廃仏毀釈の嵐の激しさを物語る。

七輿山古墳の後円墳中腹に残る五百羅漢像。『藤岡市史　民俗編』所収の、同古墳に隣接する宗永寺の解説には「七輿山古墳の麓に五百羅漢があるが、明治の初め、若衆が学校にも行かないですべての首を落として悪戯した。村の人がこれらの首を一か所に埋めたといわれる」と、廃仏毀釈と関連したであろう破壊仏誕生の経緯が記されている。

聖林寺《しょうりんじ》（奈良県桜井市）の国宝・十一面観音菩薩立像。このミロのヴィーナスにも比較される仏像彫刻の優作はもともと大神《おおみわ》神社の神宮寺であった大御輪寺《だいごりんじ》の本尊だったが、神仏分離で同寺が廃寺になる中で、嵐をまぬがれ聖林寺に引き取られたという。 写真撮影・提供：飛鳥園

はじめに――宗教革命としての明治維新

平成から令和への改元と譲位が行われたのは六年前の二〇一九年のことだが、その翌年に入ってからのコロナ禍のせいもあってか、改元時の熱気や興奮は随分と遠のいてしまった感がある。

しかし、今から約百六十年前の一八六八年に行われた明治改元はいまだに日本の歴史に深い刻印を残している。言うまでもないだろうが、明治天皇即位に合わせたこの改元に前後して「明治維新」という政治的・社会的大変革が進行したからである。

日本史の巨大な分水嶺となった明治維新に対する人々の関心はいまだに高く、学術や文芸、映画などの世界では、しばしば明治維新がテーマに取り上げられる。だが、そうした注目度とは裏腹に、まるで盲点であるかのように、往々にして見落とされがちな維新史の重大事件がある。

それは、明治維新と同時に行われた日本史上の一大宗教改革、「神仏分離」だ。慶応《けいおう》三年（一八六七）十二月九日の王政復古《おうせいふっこ》政変の際、明治天皇は、神武《じんむ》天皇の時代に行われていた（とされる）政体に回帰することを宣した。神武期の政体とは、祭《さい》祀《し》と政治が融合した祭政一致の体制を意味する。

そしてその実現のために、翌年から神仏分離令が出され、それまで千年以上にわたって続いてきた神仏習合《しゅうごう》という信仰形態の撤廃が断行され、あわせて神道の国教化が試みられた。日本各地の寺社は大きな変容を遂げ、日本の精神的風土は激変した。そしてこれとともに誕生したのが、「宗教（religion）」という近代的な概念であった。

見落とされがちだが、神仏分離なくして明治維新はなしえず、神仏分離をステップとした天皇を中心とする祭政一致の実現こそが、維新の本来的な目的であったといっても過言ではない。明治維新の指導者たちは、廃藩置県《はいはんちけん》や地租改正《ちそかいせい》、殖産興業《しょくさんこうぎょう》、あるいは文明開化に取り掛かる以前に、まず神と仏の維新を成し遂げなければならないと考えたのである。

＊

慶応四年三月にはじまる神仏分離とそれに連動して各地で発生した廃仏毀釈《はいぶつきしゃく》が近代日本に与えた影響については、国家神道の台頭を許したとみる説、日本人に特徴的な「無宗教」という宗教観のきっかけをつくったとみる説など、さまざまな見方があるが、明治初年に吹き荒れた宗教改革の嵐の実際は混沌としていて、安易な見立てを許さない。筆者としては、余計な論評はなるべく控えて、（とくに第二章以降は）個々の寺院、神社、霊場に何が起こり、どう変わったのかということを、極力端的に叙述することに努めたつもりである。

もっとも、本書で取り上げたのは、全国でみられた神仏分離・廃仏毀釈の膨大な事例の、ほんのごく一部であることもまた、明記しておきたい。

古寺社に広がる景観は万古不易《ばんこふえき》のもののように感じられるものだが、じつはたかだか百六十年ほど前に現出したものにすぎない。――この表現が決して大げさなものとはならないことは、本書を一読すれば理解していただけるだろう。

政治体制の一新には、それを正当化できる「歴史」と「伝統」の創出が不可欠となってくる。明治維新における神仏分離に対しては、そうした観点からの理解も必要だろう。

＊

史料について付記しておくと、本書の記述は、その多くを『明治維新神仏分離史料』（全五巻）によっている。同書は村上専精《むらかみせんしょう》（真宗《しんしゅう》大谷派僧侶、仏教学者）、辻善之助《つじぜんのすけ》（日本仏教史学者）、鷲尾順敬《わしおじゅんきょう》（真宗大谷派系の仏教学者）を編者として、大正十五年（一九二六）から昭和二年（一九二七）に正編として三巻が、昭和三年から四年に続編として二巻が東方書院から刊行された。

慶応四年三月にはじまる神仏分離とそれに雷同して生じた廃仏毀釈に関する一次史料や当時の関係者の回想を収集し、また各地に作成を依頼した神仏分離の報告書も加えてまとめたもので、今もなお維新の神仏分離・廃仏毀釈に関する第一級の史料としての価値を失っていない。なお、本文中［　］でくくった文献は、この『明治維新神仏分離史料』所収のものであることを示している。

仏像破壊の日本史

目次

第一章

神仏習合から神仏分離へ

第二章

寺院から分離して激変した神社

第三章

廃仏毀釈と古寺名刹の危機

第四章

神道化された修験霊場と権現信仰

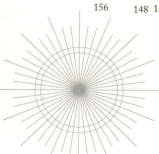

第五章

廃仏毀釈から国家神道へ

第一章

神仏習合から神仏分離へ

明治維新まで行われていた神仏習合とは?

◉神社のそばには神宮寺が建てられた

自分が暮らしている町で、こんな光景をみかけることはないだろうか。
お寺のそばに神社が建っている。それどころか、お寺の境内《けいだい》と神社の境内が隣り合わせになっている——。もしそんな光景に心当たりがあるとして、そしてその寺社が江戸時代以前から続いていたとするならば、そこは、現在は「寺院」と「神社」として別々に運営されているにしても、明治維新までは一体化していたとみてまず間違いない。

つまり、その光景は、かつての日本ではごくふつうにみられた、寺院と神社、仏教と神道が一対の関係でつながった「神仏習合《しゅうごう》」の名残にほかならない。

ここで、神仏習合の歴史を簡単にたどってみよう。

仏教は六世紀なかばまでに朝鮮半島から日本に伝来し、在来の神祇《じんぎ》信仰(原始神道）との間で摩擦を生じさせながらも、日本各地に徐々に伝播《でんぱ》していった。ところが奈良時代の八世紀になると、それまでは対等的だった仏と神の関係に異変が起きる。神社の境内やその近辺にあえて寺院が建立されるようになったのだ。このように、神社に併設されるようにして建てられた寺院を神宮寺《じんぐうじ》、あるいは別当寺《べっとうじ》、宮寺《みやでら》などと呼ぶ。そして、伊勢神宮や出雲大社のような、現在では神道の一大聖地のように受け止められている著名な神社にまで神宮寺が設けられたのである。

なぜ、神社に神宮寺が付設されるようになったのだろうか。

仏教では、天界（天道《てんどう》）に、人間よりは高級だが、如来《にょらい》（仏）の境地には達していない「天（デーヴァ）」という神的存在がいると説く。日本では八世紀頃から神道の神々をこうした「天」の一種としてとらえるようになり、神は仏教に帰依《きえ》して修行の途次にある存在とみなされた。そこで、そうしたいわば解脱《げだつ》をめざす神々のためのものとして、神社のそばに寺院すなわち神宮寺が建てられたのである。

神宮寺の建立とともに、神社で神宮寺の僧侶が経典を読誦《どくじゅ》したり、写経が神社に奉納されたりするようになった。つまり、神々を、神社において仏教的に供養《くよう》するようになったのだ。これが神仏習合のはじまりである。

一方、寺院側では、日本の神々を仏教あるいは寺院の守護神（護法神《ごほうしん》）として勧請《かんじょう》し、寺院の境内や近くに神社（鎮守社《ちんじゅしゃ》）を建てることを行うようになった。これももうひとつの神仏習合の流れをつくった。

◉本地垂迹説が台頭し、権現が流行

神仏習合は平安時代になるとさらに段階が進む。「日本の神々は、仏・菩薩《ぼさつ》が日本人を教化《きょうけ》するために仮の姿をとって現れたものだ」とする考え方が広まりはじめたのだ。これを本地垂迹《ほんじすいじゃく》説という。「仏は神の本地（本体）であり、神は仏の足跡（迹）を垂れたもの」という意味だ。要は、神は仏の化身だという信仰で、仏の化身（垂迹）としての神のことを「権《かり》に現れたもの」という意味でとくに「権現《ごんげん》」と呼ぶ。神仏習合色が濃い神社では、「春日《かすが》権現」「熊野《くまの》権現」というように社名（地名）の下に権現号をつけて祭神が呼称され、またそれが神社そのものの呼称にもなった。

さらに、神社の祭神に対して、その本体である仏・菩薩、つまり本地仏《ほんじぶつ》を比定することが盛んに行われるようになった。たとえば、伊勢神宮（内宮《ないくう》）の天照大神《あまてらすおおみかみ》の本地仏は大日如来《だいにち》、天満宮《てんまんぐう》の天神《てんじん》の本地仏は十一面観音《かんのん》といった具合である。このことは本地仏の仏像を神社にご神体として祀《まつ》ることを促すことにもなった。

もっとも、神仏習合といっても、必ずしも「昔の人たちは神と仏をごちゃまぜにして信仰していた」というわけではない。神仏習合の本質は、「神は仏の化身である」という点にある。つまり、「神よりも仏のほうが優位にある」というとらえ方だ。

このことは、現実の寺社の運営のあり方にもストレートに反映された。神宮寺や別当寺に所属して神社のために仏事を行った僧侶は社僧《しゃそう》と呼ばれたが、神仏習合下の神社はそうした社僧を中心に運営され、検校《けんぎょう》や別当などと呼ばれる社僧の長が大きな権力を握って神社を管理した。そして、神職は社僧よりも下位に置かれ、おおむね神社が寺院に従属するかたちをとった。

そんな神仏習合というゆがんだ信仰形態を見直し、原点に立ち返って、神と仏、神社と寺院、神道と仏教を明確に弁別し、両者に本来の姿を取り戻させよう。――それが、明治維新で実施された「神仏分離」なのである。

神仏分離はすでに江戸時代に実施されていた？

古代からの神仏習合《しゅうごう》に変化が兆し、神社と寺院を分けて本来のあり方に戻そうという「神仏分離」への動きがあらわれはじめるのは江戸時代からだ。神仏分離というと明治維新とセットでイメージされることが多いが、じつはこれに先立って、それぞれの事情でいくつかの藩では神仏分離が独自に行われていたのだ。その例をみてみよう。

◉会津と水戸で行われた宗教政策としての寺社整理

江戸初期の会津《あいづ》藩主保科正之《ほしなまさゆき》は、幕政に参与するかたわら藩政の整備にも努めたが、寛文《かんぶん》四年（一六六四）、宗教政策の手始めとして、領内の社寺の調査と整理を命じた。その結果、神仏習合色の濃厚な神社からは仏像・仏具が除去され、荒廃した古社は再興された。正之は儒学と神道に造詣《ぞうけい》が深く、神祇《じんぎ》信仰に篤《あつ》い人物であった。

水戸《みと》藩では御三家水戸徳川家の二代藩主徳川光圀《みつくに》によって本格的な神仏分離が行わ

れた。光圀は、寛文三年から領内の寺社の調査に取り掛かり、開基帳《かいきちょう》を作成させた。寛文六年には寺院整理を開始し、経営困難な寺院、祈禱《きとう》ばかりをして葬祭を本意としない寺院、年貢地《ねんぐち》や屋敷地など税のかかる土地に建立されている寺院、住職がいない無住寺院などを処分の対象とし、その結果、領内にあった二千三百七十七カ寺のうち、約三割にあたる七百十三カ寺が破却された。

逆に神社は少なく百八十社ほどで、領内の全五百七十八村にそれぞれひとつずつ鎮守社《ちんじゅしゃ》（神社）を置く一村一社制が目標に掲げられて神社の新建が行われた。元禄《げんろく》九年（一六九六）には神社整理が着手され、仏像をご神体としていた神社は幣《へい》、鏡などにそれを改められ、神仏習合色の濃い八幡《はちまん》神社七十三社はいったん破却され、一社を除いて新たに祭神を勧請《かんじょう》し、吉田《よしだ》明神《みょうじん》、鹿島《かしま》明神などとして再スタートした。僧侶や百姓が管理していた神社は神主の管理に替えさせた。

光圀が行った神仏分離は神仏習合を陋習《ろうしゅう》として否定するもので、あわせて、葬式・法要の民衆化、檀家《だんか》制度の確立などの影響を受けて過剰気味になっていた寺院を淘汰《とうた》して統制を強化し、その代わりに各村に置かれた神社を民衆支配の拠点のひとつにしようとするものだった。

◉徳川斉昭が断行した廃仏

水戸藩では天保《てんぽう》年間（一八三〇〜四四）にも藩主斉昭《なりあき》のもと、再び寺社整理・神仏分離が行われている。

寺院整理は天保十四年（一八四三）に着手され、無住、僧侶の女犯《にょぼん》・破戒などを理由として、百九十カ寺が処分の対象となり、破却や合併、僧侶の追放・還俗《げんぞく》などが行われた。同時期に、水戸藩は領内の寺院に対して梵鐘《ぼんしょう》の供出を命じている。水戸藩はかねて海防の重要性を訴えて大砲の製造に着手していたが、大砲の材料として寺院の梵鐘に目をつけ、これを鋳《い》つぶして利用しようとしたのだ。

一方、神社に対しては、社僧《しゃそう》を廃止して神仏習合を改め、吉田神道（近世神道の主流）を中心として教化することが命じられた。天保十五年三月には氏子帳《うじこちょう》の作成が命じられた。江戸時代には幕府公認の寺請《てらうけ》制度のもと、檀那寺《だんなでら》が作成する宗門人別帳《しゅうもんにんべつちょう》が戸籍台帳としての機能ももったが、それを神社の氏子帳に変えようというのであった。

また、仏式葬儀に替わって神葬祭が励行され、さらには石仏・小堂の破却も命じられ、民間信仰的な面でも仏教色の払拭がはかられた（圭室文雄『神仏分離』）。

水戸藩における天保の神仏分離は、元禄時と違って明らかに廃仏《はいぶつ》（仏教弾圧）を志向しているが、これは水戸学の影響を受けたイデオロギー的なものだ。水戸学は神仏習合を否定して敬神と廃仏を説き、国体論を説いて幕末の尊王攘夷《そんのうじょうい》運動の理論的根拠となったが、斉昭は藩政改革にあたり藤田東湖《ふじたとうこ》、会沢正志斎《あいざわせいしさい》ら水戸学者を重用している。しかし、廃仏に力点を置いた水戸藩の強引な宗教統制は、藩内寺院の本寺にあたる寛永寺《かんえいじ》・増上寺《ぞうじょうじ》など幕府に近い江戸の大寺院からの非難を招き、天保十五年五月、斉昭は幕府から謹慎を命じられた。そのため、水戸藩の宗教政策は未完に終わる。

とはいえ、明治の神仏分離は、水戸藩の神仏分離を大掛かりにするようなかたちで行われている。水戸藩の神仏分離は、明治の神仏分離の前哨戦《ぜんしょうせん》となったのだ。

このほかに、津和野《つわの》藩でも維新直前に社寺改正・葬祭改革が実行されている。これを推進した藩主亀井茲監《かめいこれみ》や国学者福羽美静《ふくばびせい》は、維新政府が成立すると神祇事務局に入り、中央の神仏分離政策や神祇行政などに深く関与している。

明治新政府が再興した神祇官とは?

◉祭政一致をめざして再興された神祇官

幕末の諸藩での神仏分離をへて、明治維新では中央政府の主導により全国規模で神仏分離が実施されたが、その実施直前に、新政府は、一般には目立たないながらも、重要な意味をもつ宗教政策を講じている。それは「神祇官《じんぎかん》」という役所の設置である。慶応《けいおう》三年（一八六七）十二月九日、明治天皇は「王政復古《おうせいふっこ》の大号令」を発した。幕府や摂政《せっしょう》・関白《かんぱく》を廃止して新政府樹立を宣言するこの号令は、「諸事、神武《じんむ》創業之始《はじめ》ニ原《もとづ》キ」行うこと、つまり神武天皇が行っていたとされる、天皇中心の祭政一致の政体に復古することをも宣していた。慶応四年三月十三日、これを受けて新政府は「祭政一致の制度に復するため、まず神祇官を再興造立し、諸祭典を興し、天下の諸神社をこの神祇官に附属させる」と述べる「祭政一致の布告」を発した。天皇が神に誓うというかたちで新政府の基本方針「五《ご》箇《か》条《じょう》の御《ご》誓文《せいもん》」が公布されたのはこの翌日だ。

神祇官とは古代律令《りつりょう》制で設置されていた神社や祭祀《さいし》を統制した官庁のことで、形式上は太政官《だいじょうかん》と並ぶ国家の最高機関に位置づけられた。平安時代には大内裏《だいだいり》に置かれ、事務所のほかに神殿が建ち、神祇行政を処理するだけでなく、神殿では祈年祭《としごいのまつり》などの重要祭祀が各地の神社の神職を集めて執行され、祭政一致のひとつの拠点となっていた。しかし、しだいに役割が形骸化《けいがいか》し、応仁《おうにん》の乱以降は廃絶していた。そこで新政府は祭政一致実現のために神祇官をまず再興し、祭（祭祀）・政（政治）のうちの祭の部分をこれに管掌《かんしょう》させ、また全国の神社を所管させようとしたのだ。

ただし、この年の一月にはすでに神祇官の雛型にあたる神祇事務科が設置されていて、二月にはこれが神祇事務局へ改組。そして、前述の布告をふまえて閏《うるう》四月にこれが神祇官へと改編された。再興神祇官は当初は太政官《だじょうかん》内の一官庁にすぎなかったが、明治二年（一八六九）七月には太政官から独立し、古代律令制時代の姿が再現された。ところが、人員不足や神道国教化路線の後退などから明治四年には神祇省へと格下げされ、翌年にはこれも廃止となる。

こうして理念であった「祭政一致」は遠のいていったのである。

「神仏分離令」という法令はなかった？

◉祭政一致の実現に向けてつぎつぎと出された法令

慶応《けいおう》四年（一八六八）三月十三日、神祇官《じんぎかん》再興をうたう「祭政一致の布告」を出した新政府の幹部たちは、祭政一致実現のための次のステップとしていよいよ神仏分離に取り掛かった。

それにしても、なぜ祭政一致と神仏分離が結びつくのか。

新政府の幹部たちは、「天皇が祭主となって国家的な祭祀《さいし》（まつりごと）を行って政治の根本とし、全国の神社を介して国民がそれに奉祀《ほうし》する」という姿を祭政一致の理想像としてイメージしていた。しかし、それを遂行するには、目下の神仏習合《しゅうごう》という信仰形態を改め、神道や神社を外来宗教である仏教の影響を受ける前の純粋な状態にリセットしなければならない。すなわち、神仏習合からの脱却、神仏分離がどうしても必要だ——新政府はそう考えたのだ。

明治の神仏分離は政府が散発的に出したいくつかの法令が根拠となって行われているが、その最初となったのが、三月十七日に神祇事務局（神祇官の前身）が全国の神社に発した達《たっし》だ（以下、本書ではこれを便宜上「社僧還俗令《しゃそうげんぞくれい》」と呼ぶ）。

「このたびの王政復古《おうせいふっこ》は旧弊を一掃するものなので、全国の大小の神社で、僧形《そうぎょう》のま、別当《べっとう》あるいは社僧などと称している輩《やから》は復飾《ふくしょく》（還俗）するように命じる」

すでに解説したように、当時の神社の多くは寺院の僧侶（社僧）によって管理され、彼らが神職も兼帯する格好になっていた。そうしたシステムつまり神仏習合を「旧弊」と断じ、社僧たちに対して還俗を命じるということは、言い換えれば、社僧は僧侶をやめて神職に専念しなさいということでもあった。

実際、閏《うるう》四月四日には「別当・社僧は還俗のうえ、神主・社人《しゃにん》と改称して神道に勤《ごん》仕《し》しなさい。仏教への信仰のため還俗できない者は立ち退きなさい」という指令が太《だ》政官《じょうかん》から出されている。

つまり、神仏習合下の寺院から神社を分離・独立させるために、新政府はまず社僧という神仏混淆《こんこう》の宗教者を放逐《ほうちく》し、あわせて彼らを神職に転職させようとしたのだ。

◉神社からの仏教色の排除を命じる

そして三月二十八日、神仏分離を本格化させる布告が太政官から出された（以下、この布告を「神仏混淆禁止令」と仮称する）。

「古くから某権現《ごんげん》・牛頭天王《ごずてんのう》などの仏語を神号としている神社は少なくないが、いずれもその神社の由緒を詳細に書き付けて申し出るように。（中略）仏像をご神体としている神社は今後、改めるようにしなさい。本地《ほんじ》などと称して仏像を社前に掛けたり、鰐口《わにぐち》・梵鐘《ぼんしょう》・仏具の類を置いている場合は、早速取り除くこと」

まず前半をみると、「権現」は仏の垂迹《すいじゃく》としての神のこと。牛頭天王は仏教系の尊格で、インドの祇園精舎《ぎおんしょうじゃ》の守護神、素戔嗚尊《すさのおのみこと》の本地などと説明される。当時は、「〜権現」や「牛頭天王」を祭神名とし、「〜権現社」「〜天王社」を通称としていた神社がめずらしくなかったが、太政官はこれらの語を仏語（仏教用語）であると断じ、かつその由緒を調べて報告するように命じている。表向きは権現号や天王号を禁じているわけではないが、もし現在の権現号・天王号にしかるべき由緒がないのであれば、祭神名は「〜神《かみ》」「〜命《みこと》（尊）」へと改めよということがここには含意されている。つ

現在、素戔嗚尊を祭神とする京都の八坂神社（左）は、神仏分離令までは祇園社と呼ばれ、習合神の牛頭天王（右）を祀っていた。

まり、神仏混淆的な祭神名・社名の一掃が意図されているのだ。後半は、仏像・仏具など（鰐口とは、仏堂などの前に吊るされる円形の大きな鈴のこと）、仏教的なアイテムを神社から除去することを明確に命じている。

四月二十四日には「このたび大政御一新につき石清水《いわしみず》・宇佐《うさ》・筥崎《はこざき》などの八幡大菩《はちまんだいぼ》薩《さつ》という称号を禁止し、八幡大神《おおかみ》と称するよう申し渡す」という達が太政官から出されている。日本各地に広まった八幡信仰は古代から神仏習合色が強く、その祭神は「八幡大菩薩」と称されていたが、「菩薩」は仏語だからこれも改めさせ、それを祀《まつ》る施設は寺院ではなく神社であることを明瞭にさせようとしたのだ。

◉神道国教化を見据えた神仏分離

これ以外にも新政府側は神仏分離に関連する法令をいくつか出しているが、「神仏分離令」と題されたひとつの体系的な法律がつくられたわけではない。一般には、三月十七日の社僧還俗令にはじまる一連の神仏分離関連の法令を「神仏分離令」「神仏判然令」などと総称しているわけで、本書でもこれにならうことにしたい。

さて、新政府の神仏分離政策の概要をまとめれば次のようになるだろう。

○社僧・別当を還俗させて神職にさせる。
○仏像をご神体《しんたい》としていた神社に対しては、神道的なご神体（鏡、幣束《へいそく》など）に改めさせる。
○神社から仏像・仏具類を除去させる。
○「〜権現」「牛頭天王」「八幡大菩薩」といった仏教的な神号を「〜神」「〜命（尊）」と改めさせる（祭神を仏教系の尊格から神道系のものに改めさせる）。

○神社での仏教的な儀礼を廃止させる。
これが明治新政府が目論んだ「神仏分離」の中身ということになる。

なぜそんなことをめざしたのかといえば、繰り返しになるが、仏教の影響がおよぶ前の、神武《じんむ》天皇時代の神権政治を明治の御世《みよ》に復興させるためであった。

そしてこうした宗教政策を推進したのは、新政府や神祇官（神祇事務局）に登用された復古神道系の国学者・神道家たちで、これにはおもに、幕末に社寺改正を実行していた津和野《つわの》藩の神道家（大国隆正《おおくにたかまさ》、亀井茲監《かめいこれみ》、福羽美静《ふくばびせい》）と、平田篤胤《ひらたあつたね》派の国学者（矢野玄道《やのはるみち》、平田鉄胤《かねたね》）の、ふたつの勢力があった。

そして彼らは、神仏分離の先に、神道国教化を見据えていたのである。

それでは、「神仏分離」が実際に日本各地でどのようにして実行に移され、いかなる結果をもたらしたのか？

それについては第二章以降をご覧いただきたい（神仏分離関連のおもな法令については、巻末に原文を収録したので、興味のある方は参照していただきたい）。

廃仏毀釈はなぜ起きたのか？

◉明治の廃仏毀釈は政府が命じたものではない

明治維新において神仏分離が国家権力によって断行されると、それに触発されるようにして行われたのが「廃仏毀釈《はいぶつきしゃく》」（「排仏毀釈」とも書かれる）だ。

廃仏毀釈とは「仏法を廃し、釈迦《しゃか》の教えを棄却する」という意味で、要するに寺院や仏像・仏具などを破壊・破却し、仏教を抑圧・排斥しようとすることだ。明治維新の廃仏毀釈の実際は第二章以降をご覧いただきたいが、明治初年、日本各地で、神社に置かれていた仏像や仏具類の破却、あるいは堂塔・寺院そのものの破却などが行われた。僧侶の還俗《げんぞく》も多くみられたが、これも広義では廃仏毀釈に含められるだろう。

すでに記したように、江戸時代に会津《あいづ》藩や水戸《みと》藩など一部の藩でも寺院の破却は行われ、小規模ながら廃仏毀釈が実施されている。しかし、明治の廃仏毀釈は、これらとは性格を異にする。会津藩や水戸藩の場合は為政者である藩主が廃仏を命じているのに対し、明治の場合は、中央政府が廃仏を法令などによって直接命じたわけではないからだ。慶応《けいおう》四年（一八六八）に発せられた神仏分離令の趣旨は、いずれも神仏習合《しゅうごう》を禁じ、神社の仏教色を排除することであって、「寺院を破却せよ」とか「仏像を破壊せよ」「僧侶を迫害せよ」などと命じたわけではない。つまり、新政府は神仏分離に際して、仏教そのものの弾圧や排撃は意図していなかったのだ。

にもかかわらず、一連の神仏分離令を契機として、日本各地で激しい廃仏毀釈が行われた。では、だれがそれを行ったのかというと、主導したのは国学者や神道家、神職たちであり、そして彼らのあとに廃仏に共鳴する民衆が続いたのだった。

◉いくつもの要因が複合して発生した明治の廃仏

なぜ廃仏が行われてしまったのかを考えてみると、次のような要因があげられよう。

○幕末維新時には、廃仏主義で本地垂迹《ほんじすいじゃく》説に否定的な平田篤胤《ひらたあつたね》系の復古《ふっこ》神道（国学系神道）や水戸学が広まっていて、新政府の幹部や役人たちにもそれに影響を受けた人間や信奉者が多く、また水戸藩のようにすでに廃仏を実行していた地方もあり、為政者側に廃仏毀釈の気運が高まっていた。
○江戸時代の神仏習合下では神社は寺院（神宮寺《じんぐうじ》・別当寺《べっとうじ》）に管理され、神職は身分的にも経済的にも僧侶の下に位置し、不満を抱いていた。そのため、神仏分離が行われると、これに乗じて積年の恨みをはらそうと、神職たちは廃仏におよんだ。
○江戸時代、寺院は幕府の庇護《ひご》を受け、各家が檀那寺《だんなでら》をもつことを義務づける寺檀《じだん》制度・寺請《てらうけ》制度の確立により民衆支配の一翼を担っていたが、修行や教学を怠って奢侈《しゃし》にはしる堕落した僧侶も多かった。そのため、寺院・僧侶に批判的な民衆も多く、神道家たちが廃仏を起こすと、これに賛同して手を貸した。
○新政府幹部には仏教界の有力者がいなかったので、廃仏がはじまった当初は仏教側から強い反論が生じにくく、すすんで還俗《げんぞく》する僧侶も多かった。
維新の廃仏毀釈は、このような要因が複合して発生し、なかば民衆運動となって激化した。しかし、すでに記したように、廃仏毀釈は政府の意図するものではなかった。そのため、太政官《だじょうかん》は慶応四年四月十日に「神仏分離に乗じて神職が私憤をはらすことは、政道の妨げになり、さまざまな紛擾《ふんじょう》を引き起こすので、してはならない」と警告し、同じ年の九月十八日（九月八日明治改元）には「神仏混淆《こんこう》を禁じる布令を出したが、これは破仏を趣意とするものではなく、僧侶はみだりに還俗してはいけない」という行政官布告が出るなどして、廃仏毀釈が重ねて戒《いまし》められている。

こうした処置にもかかわらず、廃仏毀釈運動は各地に飛び火し、明治九年（一八七六）頃まで継続した。その後、仏教各派は復興してゆくが、政府は廃仏毀釈の間に、寺請制度の解消、社寺領の収公、僧侶の肉食妻帯蓄髪《にくじきさいたいちくはつ》の解禁なども実施していたため、仏教は公的な庇護《ひご》や権威を失い、私的な信仰に位置づけられるようになる。

激しい廃仏が、近代日本仏教の覚醒につながったという見方もあるが、逆に日本の民衆に「無宗教」という意識を胚胎《はいたい》させたという見方もある。

この時期に青春期を過ごした彫刻家の高村光雲《たかむらこううん》は晩年、神仏分離と過激な廃仏についてこう回想している。

「当時は別に滑稽でも何んでもなく、時勢の急転した時代でありますから、何事につけても、こういう風で、それは自然の勢いであって、当然のこととして不思議に思うものもありませんでした」（『幕末維新懐古談』）

どれほどの寺院と文化財が破壊されたのか？

◉廃仏と寺領没収で廃寺が激増

一過性のものであったとはいえ、明治の廃仏毀釈運動は、特定の寺院のみならず日本の仏教界全体に甚大な影響を及ぼした。

それはまず端的には、寺院数の激減という形をとってあらわれた。廃寺の数は地域によって濃淡があるが、一番極端な例は薩摩《さつま》藩で、かつて藩内には千六十六の寺院があったが、廃仏後はそれが見事にゼロとなった（第五章参照）。土佐藩も寺院破却が激しかった土地で、藩内の寺院六百十五カ寺のうち四百三十九カ寺が廃された（「土佐の廃寺」）。廃寺率七〇％超である。寺院の統廃合を積極的に推し進めた延岡《のべおか》藩・高鍋《たかなべ》藩などを擁した宮崎県も寺院数が激減した地域で、維新前は五百四十八カ寺あったが、明治八年（一八七五）までに約八割が廃寺となった。比較的穏便に神仏分離が行われた埼玉県でも廃寺率は二割である（村田安穂『神仏分離の地方的展開』）。

最終的に日本全国でどれだけの寺院が失われたのかははっきりしていないが、一説に、明治の神仏分離と廃仏毀釈によって全国の寺院の総数は半減したという。当然、僧侶という身分を捨てた者もかなりの数に及んだことだろう。そしてそれにともなって、仏像をはじめとする貴重な仏教美術・文化財が数多く破壊され、散逸したのだ。

もっとも、仏教界の受難はこれにとどまるものではない。廃仏運動がはじまってまもなく寺院はさらなる試練に見舞われた。深刻な経済的困窮に直面したのである。

江戸時代、有力な寺院は（また有力な神社も）将軍や領主から土地を与えられ、将軍から交付された土地は朱印地《しゅいんち》、大名からの場合は黒印地《こくいんち》と呼ばれた。朱印地・黒印地では租税が免除され、その土地の農民からの年貢や諸役《しょやく》を寺院の収入にあてることができた。朱印地・黒印地のない中小の寺院であっても、境内地以外に山林や田畑を所有していたところが多かった。

ところが、明治四年（一八七一）一月五日を機に状況が一変する。この日、太政官《だじょうかん》は「社寺領上知令《あげちれい》」を布告し、全国の神社と寺院に対して、現有する境内地を除くすべての領有地を国家に収公させることを命じたのだ。明治二年の版籍奉還《はんせきほうかん》にならい封建的な土地・人民の領有制度を改めるというのが表向きの趣旨であった。寺社の所有地として認められるのは原則として境内地のみとなり、それ以外の社寺領（朱印地・黒印地だけでなく山林・田畑なども含む）はすべて国家に没収されることになった。

社寺領没収の影響は有力な社寺ほど大きく、京都の清水寺《きよみずでら》は約十五万七千坪から一万四千坪に、相国寺《しょうこくじ》は七万坪から二万七千坪へと寺領が激減している。先に触れた全国各地の廃寺には、じつは上知令が決定打となったケースも多い。

かくして全国の社寺は財政基盤を一気に失った。ただし社寺の破綻を回避すべく、当面の救済策として従来の収入の半分が政府から支給されることになり、明治七年までこの制度は継続した。

◉権威を失った仏教と僧侶たち

社寺領上知令は寺院のみならず神社も対象としたものなので、双方は同等のダメージを受けたのだろうと考えるところだが、ほどなく両者には大きな差が設けられた。上知令布告から四カ月後の明治四年五月、神社を「国家の宗祀《そうし》」（国家公共の祭祀施設）と定める太政官布告が新たに出され、主要な神社には官費が支給されることになったからである。またその後、有力神社（官幣《かんぺい》社・国幣《こくへい》社）の神職の給与に官費があてられることも規定された。明らかに神社・神職を優遇し、寺院・僧侶を切り捨てようとする政府の措置で、神道国教化を前提とした動きだった。

一方で、寺院の権益の源泉となっていた寺請《てらうけ》制度（誰もが必ず特定の寺院の檀家として登録される制度で、戸籍的な機能をもった）が廃止され（明治四年四月）、「これ以後、僧侶は肉食《にくじき》・妻帯《さいたい》・蓄髪《ちくはつ》を自由に行ってよい」と命じる太政官布告も出された（明治五年四月）。これらの施策は、徳川政権下では国教的な立場にあった仏教の権威を失わせ、僧侶の特権的な地位を否定し、世俗化を促すものだった。

もっとも、明治九年頃に廃仏の嵐が収まると、有力寺院は各仏教宗派の本山などになって規模を縮小させながらも復興し、生き残った中小寺院も仏式葬儀を望む民衆の求めを得て息を吹き返してゆく。また、歴史ある堂塔や仏像は文化財・美術品としても注目されるようになる。その意味で現在の顕著な寺院の観光地化、日本仏教の葬式仏教化の淵源は、明治の神仏分離に求めることもできよう。

神仏分離に続いて行われた大教宣布運動とは？

◉神仏分離をへて神道国教化をめざす

明治の神仏分離政策が「神道の国教化」を見据えたものであったことはすでに記したとおりだが、第一章の最後に、神仏分離となかば並行するようにしてみられた、神道国教化をめぐる動きについてもみておきたい。

明治二年（一八六九）九月、神祇官《じんぎかん》は「宣教使《せんきょうし》」という役職を設け、全国の神職がこれに任命されて国民への宣教を託された。では、その神職兼宣教使たちは国民に何を宣教したのかというと、それは神道ではなく「大教《たいきょう》」と呼ばれるものだった。

大教の定義はむずかしいが、「天皇中心の国教化された神道」をさすと考えられ、民俗的な神道（神社神道）や平田《ひらた》派の国学や復古《ふっこ》神道とも区別される。いや、それらもろもろの神道や儒学をも包摂して、祭政一致の実現のために天皇を核として新たに統一された神道、といってもいいのかもしれない。また、大教の創唱は、解禁されつつあったキリスト教に対する防波堤を築くという意味合いももっていた。

明治三年一月には、明治天皇により「大教宣布《せんぷ》の詔《みことのり》」が出された。これは「祭政一致に復した今、惟神《かんながら》の大道を宣揚《せんよう》すべく、宣教使は天下に布教しなさい」と説くもので、「惟神の大道＝大教」の国民教化を大々的に命じるものだった。

これを機に大教宣布運動がはじまったのだが、人員不足や教義の未熟さもあって活動は停滞。そこで、明治五年三月には神祇省（神祇官の後身）・宣教使が廃されて新たに教部省《きょうぶしょう》が設置され、大教宣布にあたる役職として「教導職」があらたに設けられ、これには神職だけでなく僧侶も任命された。つまり、政府は神仏合同の宣教体制を採ろうとしたのだ。そして、宣布運動の拠点として東京に大教院、地方に中教院が設置され、各地の神社や寺院は小教院に設定された。

◉国家神道につながった「神道非宗教論」

ところが、大教はもともと神道色が濃い教義だったため、仏教側とくに浄土真宗《じょうどしんしゅう》の反発を招き、明治八年には大教院は解散に追い込まれ、神仏合同の大教宣布運動は短期間で終わった。大教宣布運動自体はその後も細々と継続するが、明治十七年には教導職制度も廃止されて、運動は完全に消滅した。

この流れのなかで、政府の指導者たちは「政教分離を原則とする近代国家においては祭政一致や神道国教化は現実的ではない」と判断するようにもなっていた。このことには、維新当初に祭政一致・神道国教化をめざして宗教政策の基本を推進した有力な神道家・国学者たちがこの頃には現場を退いていたことも影響していた。

明治二十二年には大日本帝国憲法が発布され、「安寧秩序を妨げず、臣民としての義務に背かない限りにおいて」という留保つきながらも、「信教の自由」が国民に認められることになった（第二十八条）。

神道国教化は、事実上、挫折した。

しかし、その一方で、「神道は宗教ではなく公的な儀礼体系であり、国家が特別扱いしても信教の自由は侵害されない」とする「神道非宗教論」も起こり、結局、神道至上主義の火はくすぶり続けて、いわゆる「国家神道」の台頭にも道が開かれてゆくことになるのだ。

第二章

寺院から分離して激変した神社

Introduction

維新前は寺院だった有名神社

いまでは観光名所としても有名になっているような歴史ある古社には、百五十年あまりも歴史をさかのぼれば、五重塔が建っていたり、仏像が安置されていたりと、まるで寺院のような景観をみせていたところが、じつはめずらしくない。

この章で取り上げるのはそんな神社の一部で、支配を受けていた寺院から神仏分離令をへて分離独立をはたした神社（日吉《ひよし》大社、大神《おおみわ》神社、伏見稲荷《ふしみいなり》大社）、次に、寺院と神社の融合状態にあったものの神社として再生するにいたった神社（八坂《やさか》神社、石清水八幡宮《いわしみずはちまんぐう》、鶴岡《つるがおか》八幡宮、北野天満宮《きたのてんまんぐう》、太宰府《だざいふ》天満宮）を紹介する。また、寺院、神社に徳川家康霊廟《れいびょう》もまじった特異な聖地（日光山《にっこうさん》）における複雑な神仏分離の経過もたどってみた。

仏教側からみると、神社を支配していた神宮寺《じんぐうじ》・別当寺《べっとうじ》は天台宗《てんだいしゅう》・真言宗《しんごんしゅう》系のものが多く、そのため、両宗は神仏分離を機に大きなダメージを受けることになった。

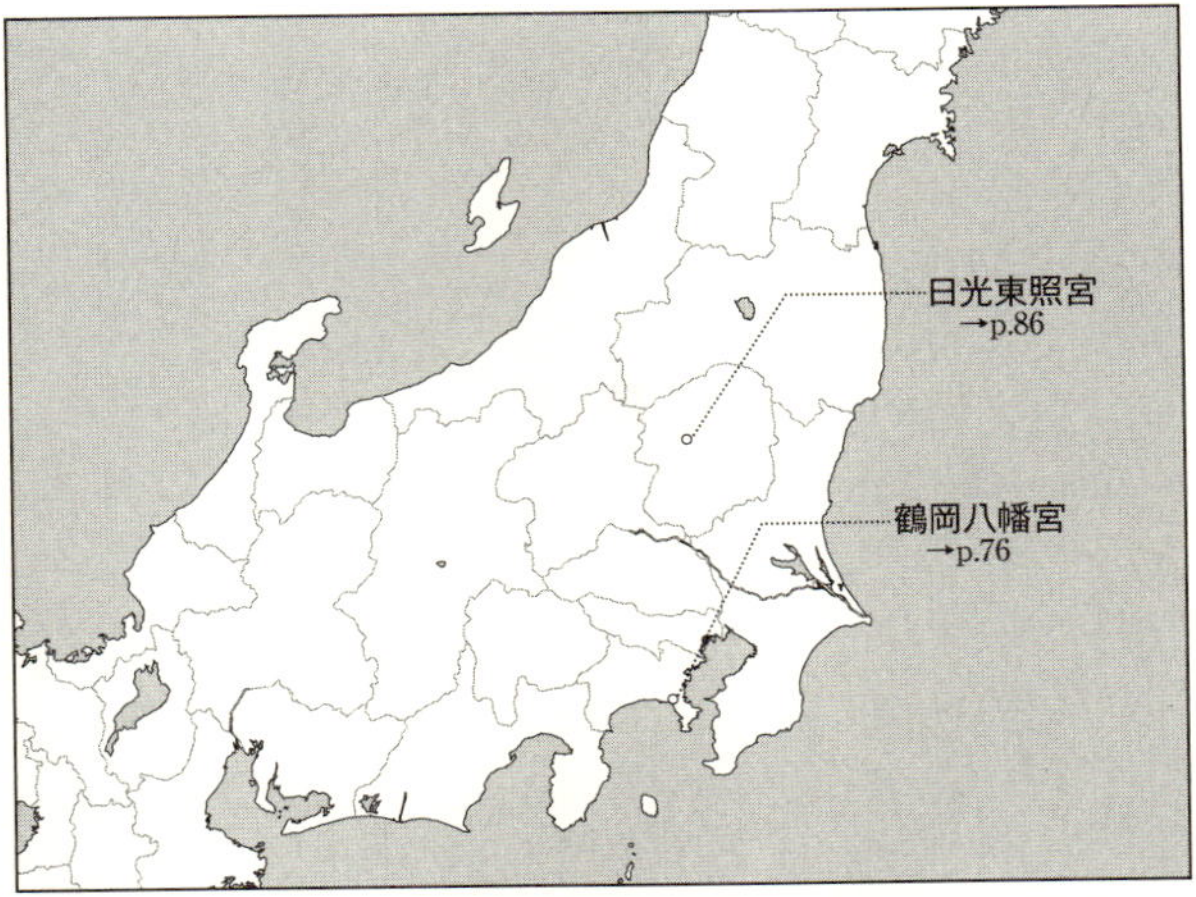
日光東照宮
→p.86
鶴岡八幡宮
→p.76

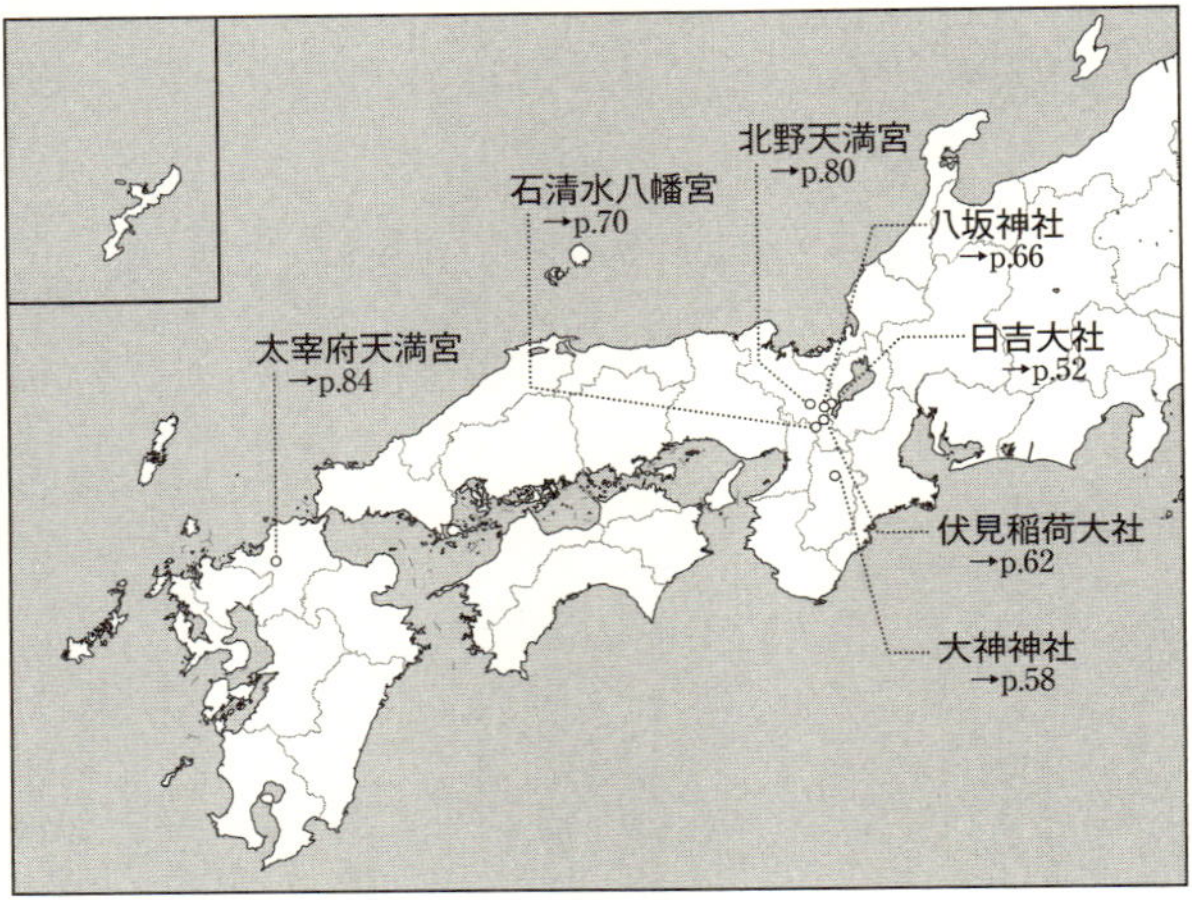
北野天満宮
→p.80
石清水八幡宮
→p.70
八坂神社
→p.66
太宰府天満宮
→p.84
日吉大社
→p.52
伏見稲荷大社
→p.62
大神神社
→p.58

日吉大社

神仏分離・廃仏毀釈のトップバッター

滋賀県大津市坂本

◉神仏習合の山王神道の拠点となる

比叡山《ひえいざん》の東麓坂本《さかもと》に鎮座《ちんざ》する日吉《ひよし》大社（以下、日吉社）は、大きくは東本宮《ほんぐう》（二宮《にのみや》ともいう）と西本宮（大宮《おおみや》）からなり、現在、前者は大山咋神《おおやまくいのかみ》、後者は大己貴神《おおなむちのかみ》を祭神としている。両者のうち、最初に成立したのは東本宮と考えられ、創祀《そうし》の年代は明らかではないが、『古事記』に「大山咋神は近江国の日枝《ひえ》の山（比叡山）に鎮座した」とすでに言及されているので、かなり古くから東本宮一帯は人々に神聖視されていたらしい。

一方の西本宮は、社伝によれば、近江の大津宮《おおつのみや》に遷都した翌年（六六八年）に天智《てんじ》天皇が大和朝廷の守護神である大己貴神（三輪《みわ》明神《みょうじん》）を勧請《かんじょう》したことにはじまるという。

その後、延暦《えんりゃく》七年（七八八）に最澄《さいちょう》が比叡山に天台宗《てんだいしゅう》の総本山となる延暦寺を開創し、その六年後に平安遷都が行われると、日吉社は王城を鎮護する延暦寺（山門）の鎮守社《ちんじゅしゃ》あるいは護法神《ごほうしん》に位置づけられて発展していった。

「日吉」は、古くはヒエとも読まれ、比叡・日枝の字もあてられたが、要するに鎮座地の比叡山に由来する。しかし平安時代後期以降は、日吉山王社《さんのうしゃ》、山王社と呼ばれるようになった。この別名は中国天台宗の根本道場があった天台山に祀《まつ》られていた「山《さん》王元弼真君《のうげんひっしんくん》」に由来するといわれ、天台宗との密接な結びつきを象徴している。

やがて、天台教学と結びついた神仏習合《しゅうごう》の山王神道が比叡山で唱えられるようになり、日吉山王の神は仏の垂迹《すいじゃく》であるとされ、日吉社は日吉権現《ごんげん》、山王権現などとも呼ばれるようになり、延暦寺と一体となって発展した。

織田信長の比叡山焼き討ちで一時荒廃するが、ほどなく復興し、江戸時代には徳川家康のブレーンだった天海《てんかい》が山王神道を再編して山王一実《いちじつ》神道をたてたこともあって日吉社は神仏習合の道場としていっそうの繁栄を迎え、社殿に仏像を祀ることや僧侶が神前で読経を行うのは、ごく当たり前の光景となっていた。

◉神殿に安置されていた仏像は焼き捨てられる

こうした状況のもと、時代は明治維新を迎え、慶応《けいおう》四年（一八六八）三月二十八日、神仏混淆《こんこう》禁止令が新政府によって出された。神社・神前からの仏教的要素の排除を命じるもので、当時は山王権現と呼ばれていた日吉社がその対象になることは、当然予想されることだった。

騒動が勃発したのは、その三日後の四月一日である。この日、日吉社の社司《しゃし》生源《しょうげん》寺義胤《じよしたね》は、神殿の鍵を預かる延暦寺に対して、その鍵を引き渡すよう申し入れた。神仏混淆禁止令にしたがって神殿内の仏像・仏具を除去しようとしたのだ。しかし、延暦寺側も突然のことなので、にわかには聞き入れかねた。

すると、日吉社側は実力行使に出た。社司と神官樹下《じゅげ》茂国《しげくに》が、部下の神職や廃仏に共鳴する兵士三、四十人（京都の吉田神社配下の兵団「神威隊《しんいたい》」に所属）、さらに村民数十人を率い、槍・棒などの兵器を携えて日吉社に乱入し、神殿の扉をこじ開け、殿内にあった仏像・経巻・仏具の類をことごとく外に投げ捨てはじめたのだ。リーダー格の樹下は、後日、「口供書《こうきょうしょ》」のなかで当時の様子をこう述懐している（『日吉権現神改めの始末」)。

「仏像・仏具などを一カ所に取りまとめ、これをどうするか相談したところ、京都から応援に来た者のなかから、焼き捨ててしまえばいいという提案がありました。私ももっともなことだと思い、仏像・仏器などはすべて焼き捨て、その跡には『真榊《まさかき》』と称する古物を櫃《ひつ》に納め、ご神体《しんたい》として祀り替えました。この時、(仏像が納められていた)厨子《ずし》などは社司とともに打ちなげ、あるいは大勢で槍や石で突いて打ち砕き、火にくべました」

具体的にはどんなものが日吉社から除去されたのか。「日吉神社神仏分離史料」によれば、大宮(西本宮)にかぎってみても、本地仏《ほんじぶつ》(釈迦如来像《しゃかにょらいぞう》。宝冠をつけ、天皇即位時の法衣を着していたという)、神前に掛けられていた御正体《みしょうたい》(本地仏の姿を示した鏡像もしくは懸仏《かけぼとけ》)、法華経《ほけきょう》二部、大般若経《だいはんにゃきょう》一部、密壇《みつだん》(密教修法を行う壇)など、あわせて十一点が焼却された。日吉社全体でみれば、このとき破壊・焼却された仏像・経巻・仏具はあわせて百二十四点におよび、さらに神職たちが持ち去った金属製品が四十八点あったという。

その粗暴さにはあきれるばかりだが、現代人の目からすれば、神社の神殿にこれほどあからさまに仏像・仏具類が納められていたという事実にも驚かされよう。これが、神仏習合というものの実態だったわけである。

すべての撤去が終わった五日、神殿の鍵はすべて延暦寺から日吉社に引き渡された。これを機に、山王権現は日吉神社と改められ、延暦寺からは完全に分離された。

◉新政府幹部と通じていた日吉社の神職

日吉社の騒動は、明治維新の神仏分離のさきがけとなった事例として知られるが、このように神職たちによって強引に実行されたため、廃仏毀釈《はいぶつきしゃく》の端緒ともなった。

日吉社で神仏分離が全国にさきがけて実行されたことには理由があった。三月二十八日に出された神仏混淆禁止令は、三十日に大津裁判所から日吉社の社司にようやく通達されたところで、その時点では延暦寺には正式には伝えられていなかった。ところが、騒動を主導した日吉社の神職樹下は急進的な神道家で、当時、神祇《じんぎ》事務局の権《ごん》判事《はんじ》という職にもあった。神祇事務局は当時の神祇行政を司《つかさど》っていた役所で、神仏分離政策には当然深く関係していた。さらに彼は、王政復古《おうせいふっこ》に参画し新政府の中心的人物となっていた岩倉具視《いわくらともみ》と親しかった。したがって、樹下がこうした立場を利用していちはやく神仏混淆禁止令を知って、早期に行動を起こした可能性は十分に考えられる。

しかし、強引な破壊行為に対しては、歴史的に天皇との関係が深い延暦寺も強く抵抗する姿勢をみせ、新政府は四月十日、「神仏分離にあたっては粗暴な行為をしてはならない」という指令を出さざるを得なくなった。日吉社と延暦寺の間では、地域住民も巻き込んで翌年までいざこざが続いたが、結局、樹下と生源寺は主謀者として処罰を受けている。日本仏教の母山ともいえる比叡山延暦寺の威光が、その足元での廃仏毀釈の拡大を抑え込んだといえよう。

日吉社では毎年四月に天台座主《ざす》（延暦寺のトップ）が読経と奉幣《ほうへい》を行う神仏習合形式の例祭（山王祭）が古来、盛大に行われてきたが、神仏分離後は延暦寺を排除して行われるようになった（ただし現在では、部分的に延暦寺が参加するようになっている）。

大神神社

フェノロサを魅了した本地仏十一面観音像

奈良県桜井市三輪

◉日本最古の神社は二つの巨大神宮寺に管理された

日本最古の神社としばしば称される奈良の大神《おおみわ》神社も、明治維新では神仏分離・廃《はい》仏毀釈《ぶつきしゃく》の嵐に見舞われている。というのも、この古社も維新以前は神仏習合《しゅうごう》のかたちをとり、広大な伽藍《がらん》をもつ二つの神宮寺《じんぐうじ》によって管理されていたからだ。

そのひとつは大御輪寺《だいごりんじ》である。現在の大神神社拝殿の西北方向、摂社大直禰子《せっしゃおおたたねこ》神社（若宮社）が建っている辺りに所在し、室町時代末期の絵図には、本堂（天平《てんぴょう》時代作の本尊十一面観音《かんのん》像を安置）、庫裡《くり》、三重塔、鎮守社《ちんじゅしゃ》などが描かれている。大御輪寺の前身は奈良時代には創建されていたとみられる大神寺で、聖徳太子《しょうとくたいし》開山と伝えられ、鎌倉時代に奈良西大寺《さいだいじ》の叡尊《えいぞん》（一二〇一～九〇）が中興してこれを大御輪寺と改めた。また、近くには、同寺が管轄する尼寺の浄願寺《じょうがんじ》もあった。

二つ目の神宮寺は神社の南方にあった平等寺《びょうどうじ》で、鎌倉時代初期に三輪《みわ》上人《しょうにん》とも呼ばれる密教僧の慶円《きょうえん》（一一四〇〜一二二三）によって創建された。境内は大御輪寺よりも広く、開山堂《かいさんどう》、御影堂《みえいどう》、医王院《いおういん》、不動堂《ふどうどう》、愛染堂《あいぜんどう》、鐘楼《しょうろう》などが並んでいた。

叡尊や慶円など密教系の僧侶が大神神社に深くかかわったのは、当時、三輪流神道がこの地に興隆していたためである。三輪流神道は密教と神道が習合した両部《りょうぶ》神道の一流で、大神神社に祀《まつ》られる大物主神《おおものぬしのかみ》を三輪大明神《みわだいみょうじん》と称し、それを天照《あまてらす》大神《おおみかみ》や大日如来《だいにちにょらい》と同一視して尊崇した。つまり、大物主神＝天照大神＝大日如来としたのである。大御輪寺の本尊十一面観音像は、そんな三輪大明神の本地仏《ほんじぶつ》として信仰された。

大神神社の摂社大直禰子神社（若宮社）。旧大御輪寺の本堂を神殿とする。

◉三輪山も没収されそうになる

明治維新で神仏分離が実施されると、大御輪寺と平等寺は廃寺となり、社僧《しゃそう》は還俗《げんぞく》して神職に編入されることになった。仏像・仏具は近在の寺院へ移管されたが、たとえば平等寺の不動明王《ふどうみょうおう》像は長谷寺《はせでら》に移された。

大御輪寺の跡地は若宮社となり、旧本堂がそのまま本殿として用いられることになった。しかし、なかに安置されていた十一面観音像はそのままというわけにはいかず、四、五キロほど南にある真言宗《しんごんしゅう》の山寺、聖林寺《しょうりんじ》に預けられることになった。それは慶応四年（一八六八）五月のこととされるが（「聖琳寺文書」、『大神神社史料』所収）、これとは異なる話も伝えられている。

たとえば作家の白洲正子《しらすまさこ》は昭和七、八年頃に聖林寺を訪ね、維新時は小僧だった聖林寺の住職から、観音像の移座について次のような話を聞き出したという。

「住職は当時のことをよく覚えていられた。発見したのはフェノロサで、天平時代の名作が、神宮寺の縁の下に捨ててあったのを見て、先代の住職と相談の上、聖林寺に移すことにきめたという。その時住職は未だ小僧さんで（たしか十二歳と聞いた）、荷車の後押しをし、聖林寺の坂道を登るのに骨が折れたといわれた。…（中略）…住職は、フェノロサのこともはっきり覚えていられた。穏やかなおじいさんで、観音様を移した時には、始終荷車のわきへつきそっていたという」(『十一面観音巡礼』)

「当時」というのが正確にいつを指すのか不詳だが、アメリカの美術研究家フェノロサの初来日は廃仏の嵐が収まっていた明治十一年(一八七八)である。白洲の文は眉唾の感もあるが、フェノロサがこの観音像に魅せられたのは事実だ。

一方、明治四年、社寺領上知令《あげちれい》が太政官《だじょうかん》から布告され、すべての社寺は、建物が所在する現有境内地を除くすべての領有地を、国家に没収されることになった。

すると大神神社に一大危機が迫った。大神神社は往古より東側にそびえる三輪山を神体山とし、拝殿からそれを直接奉斎《ほうさい》するというかたちをとっていた。したがって本殿がなく、禁足地とされた三輪山内にもとくに建物は置かれなかった。それがゆえに、三輪山が境内地とみなされず、没収されてしまう可能性が出てきてしまったのである。

だが明治六年、社寺を司る教部省《きょうぶしょう》は三輪山が大神神社の境内地であることを認める通達を出し、どうにか危機は免れた。大神神社が格別の由緒をもつことによる、特例的な処置だった。この騒動の際、三輪山の上知を免れるべく禁足地に本殿(正殿)を造立しようという話もあったらしいが、くだんの教部省の通達で沙汰《さた》止《や》みとなった。

伏見稲荷大社

愛染寺破却と荼吉尼天との訣別

京都市伏見区深草

◉境内に建てられた愛染寺が神社のライバルに

全国の稲荷《いなり》神社の総本社である伏見《ふしみ》稲荷大社（以下、伏見社）は、これまで紹介してきたケースと違い、近世になるまでは神宮寺《じんぐうじ》や別当寺《べっとうじ》を近隣にもたず、「宮寺《みやでら》」というスタイルもたなかった。それには、平安時代初期に伏見社全体が五キロほど北の場所にある真言宗《しんごんしゅう》の総本山、東寺《とうじ》の鎮守社《ちんじゅしゃ》とされたことが関係している。いうなれば、やや距離はあるが、巨刹《きょさつ》の東寺が伏見社の神宮寺のような存在だったのだ。

しかし、伏見社の境内で神仏習合《しゅうごう》がまったくみられなかった、というわけではない。

中世、大きな寺社には堂塔や社殿の修復・造営のための勧進《かんじん》を行う僧侶が現れ、彼らは「本願」とか「十穀《じゅっこく》（石）聖《ひじり》」と呼ばれ、造営に功があったり造営が長期化したりすると、その社寺に定着した。

伏見社にも応仁《おうにん》の乱（一四六七〜七七）まではそうした人々が現れ、彼らの拠点として「本願所」が境内に置かれた。伏見社の本願所はしだいに勢力をもち、江戸時代には愛染寺《あいぜんじ》と呼ばれるようになった。愛染寺の基礎を固めたのは真言僧の天阿《てんあ》で、天阿は、稲荷神と結びつけられて同一視された荼吉尼天《だきにてん》と、聖天《しょうてん》・弁才天《べんざいてん》の三天を、伏見社の上中下の稲荷本宮三社にあてる「三天和合尊」を説き、狐落としの祈禱《きとう》をしたり、その法を伝授したりしたらしい。また、愛染寺配下の勧進聖や山伏が諸国を廻って御札を配り、祈禱をするなどして布教したので、各地からの伏見社参詣《さんけい》者は愛染寺に寄って祈禱・祈願を依頼するようになった。

こうしたこともあって、愛染寺僧は伏見社の社家《しゃけ》と並ぶ地位を築き、両者はライバル的な関係になった。

愛染寺の場所は、現在の伏見社楼門の北側の、商店が軒を連ねている辺りで、屋敷のほかに愛染堂・聖天堂があった。またこれとは別に、伏見社の社内には弁天堂・大《だい》黒堂《こくどう》・文殊堂《もんじゅどう》・大師堂《だいしどう》などの諸堂が点在していたが、これらは愛染寺に管理され、本殿内陣には仏像・仏具が安置されていた。

さらに、伏見社の社域内に住む人々の檀那寺《だんなでら》として、小寺ながら、浄安寺《じょうあんじ》と西光寺《さいこうじ》（いずれも浄土宗《じょうどしゅう》）という寺もあった。

◉荼吉尼天から宇迦之御魂神へ

神仏混淆《こんこう》禁止令が伏見社に伝わったのは慶応《けいおう》四年（一八六八）四月四日。社中では評議のうえ、愛染寺に伏見社内と愛染寺内の諸堂の撤去を命じ、愛染寺は閉門となった。五日には浄安寺と西光寺の廃絶が決定し、両寺の仏像はそれぞれの本寺や末寺に引き取られた。

六日の朝から社内諸堂の撤去がはじまり、諸堂に置かれていた仏像はすべて愛染寺に集められた。当初、愛染寺側は伏見社の強引な処分に抵抗をみせたようだが、伏見社側は十五日には愛染寺の職掌を没収して御札配布の停止を申し渡し、さらに内陣にあった仏具類を境内南方で焼却。その後、愛染寺住持《じゅうじ》の舜雄《しゅんゆう》は還俗《げんぞく》を願い出ることになった。六月に入ると本殿周辺の諸堂が十五日間ほどかけて撤去され、さらに本殿まわりの五堂と愛染寺内の愛染堂・聖天堂が取り払われた。

愛染寺に一時集められた仏像・仏具類は、ゆかりのある寺院へ引き取られている。「稲荷明神講式」一巻、「五社本地仏《ほんじぶつ》」一幅、愛染明王《みょうおう》像などは京都の泉涌寺《せんにゅうじ》に、十一面観音《かんのん》像・文殊菩薩《ぼさつ》像・勢至《せいし》菩薩像・大聖歓喜天《だいしょうかんぎてん》像などは近江《おうみ》の安養寺《あんようじ》に引き取られた（岩永篤彦「愛染寺破却と安養寺村」、『朱』四十四号所収）。

なお、明治八年（一八七五）には、伏見社の神庫に安置されていた秘蔵の「偶像」が、教部省《きょうぶしょう》の許可を得て、本殿南の庭上で焼却されたという。この消された偶像については、維新まで本殿内陣に祀《まつ》られていた稲荷神五座の神像であった可能性が指摘されている（『伏見稲荷大社御鎮座千三百年史』）。

稲荷神は農業神という普遍的な性格をもつためか、江戸時代、伏見社の分霊が各地に勧請《かんじょう》され、稲荷社は全国に展開して庶民に信仰された。しかし、そうした稲荷社は、正確には、伏見社からではなく愛染寺から、稲荷神と同体視された仏尊の荼吉尼天を勧請して祀っていたところが多い。ところが、神仏分離後は、祭神は、荼吉尼天から、稲荷神と同じく穀物を司る記紀神話の神である宇迦之御魂神《うかのみたまのかみ》などに替えられ、荼吉尼天像は稲荷神像と呼び変えられ、愛染寺の痕《あと》はすっかり拭い去られていった。

八坂神社

消された牛頭天王と祇園信仰

京都市東山区祇園町

◉薬師如来と天神を祀ったのが祇園社のルーツ

京都の八坂《やさか》神社といえば、祇園祭《ぎおんまつり》でも知られる京都有数の観光名所だが、この神社も、明治の神仏分離で激震に見舞われている。

八坂神社は維新前は祇園社《ぎおんしゃ》、感神院《かんじんいん》などと呼ばれ、牛の頭を頭頂に据えた姿で描かれる牛頭天王《ごずてんのう》を主祭神としていた。草創については諸説あるが、有力と思われるのは貞観《じょうがん》十八年（八七六）創祀《そうし》説で、奈良の僧円如《えんにょ》が託宣によって現社地に観慶寺《かんけいじ》を建立し、ついで摂政《せっしょう》・関白《かんぱく》を務めた藤原基経《ふじわらのもとつね》が精舎《しょうじゃ》を建てたのがはじまりだという。

この説の典拠のひとつは『二十二社註式』（室町時代成立）に引用されている承平《しょうへい》五年（九三五）の官符《かんぷ》（太政官《だいじょうかん》が発した公文書）で、それによると、当時、観慶寺のおもな建物には、薬師如来像《やくしにょらいぞう》を安置する本堂（薬師堂）と礼堂《らいどう》、そして天神《てんじん》、婆利《ばり》女《め》、八王子を祀《まつ》る神殿（天神堂）とその礼殿があった。つまり、仏堂と神殿が並立していたわけで、初期から神仏混淆《こんこう》のかたちをとっていたことがわかる。

観慶寺は、やがて感神院、あるいは祇園寺とも呼ばれるようになる。この別名の由来は、基経が神威を感じて精舎を寄進したことが、インドの須達《しゅだつ》長者が釈迦《しゃか》に祇園精舎を寄進したことになぞらえられたから、というのが一般的な解釈である。

当初は観慶寺といえば、薬師堂と天神堂を合わせた全体をさしていたと思われるが、天神堂への信仰が篤くなると、観慶寺は薬師堂のみをさすようになり、その一方で、全体が祇園天神堂、感神院、祇園感神院、祇園社などと呼ばれるようになったらしい。

平安末期頃からは、天神堂に祀られる天神が、疫病《えきびょう》を退治する強い神威をもつ陰陽道《おんみょうどう》系の神である牛頭天王と同一視されるようになる。おそらく祇園社がもともと疫神《えきじん》信仰の場であったことと関係しているのだろう。そして牛頭天王は『備後国風土記《びんごのくにふどき》』逸文《いつぶん》では武塔《むとう》天神とも呼ばれ、やはり疫神的な性格をもつ素戔嗚尊《すさのおのみこと》とも同一視されている。室町時代までには、「牛頭天王はインドの祇園精舎の守護神で、朝鮮半島を経由して京都に鎮座した」という祇園社の縁起が成立し、素戔嗚尊は牛頭天王の垂迹《すいじゃく》とみなされるようになった。

祇園社の社殿・堂舎は何度も火災に遭ったが、江戸時代の貞享《じょうきょう》元年（一六八四）の記録によれば、当時の境内には、本殿、拝殿のほかに、薬師堂、大日如来《だいにちにょらい》像を納めた大塔《だいとう》、鐘堂《しょうどう》などの堂塔が建っていた。

◉「祇園」は仏教語とみなされ、八坂神社に改称

神仏分離の端緒となる社僧還俗令《しゃそうげんぞくれい》が出されたのは慶応《けいおう》四年（一八六八）三月十七日のことだが、祇園社では、変革の風潮をいち早く察したのか、これをまたず、二月にすでに社僧の復飾《ふくしょく》が行われている。

三月二十八日には神仏混淆禁止令が出された。「牛頭天王」号や仏教的な神号の廃止を命じるものだったので、牛頭天王信仰の中心地であり、インドの仏教聖地の名を社名に冠する祇園社は直撃を受けたようなものだった。社内ではいろいろと議論があってもめたようだが、五月、「八坂神社」と改称することが正式に決まり、新政府側もこれを認めた。「八坂」は所在地の古地名で、承平五年官符には、祇園社の所在地を「山城《やましろ》国愛宕《おたぎ》郡八坂《やさか》郷」としている。

なお、祭神が牛頭天王から素戔嗚尊に正式に改められたのも明治初年と思われるが、正確な時期は分明ではない。

境内の仏像・仏具・堂塔も漸次処分された。薬師堂に安置されていた薬師如来、観《かん》音菩薩《のんぼさつ》、夜叉神明王《やしゃしんみょうおう》などの仏像は、東本願寺《ひがしほんがんじ》の北西にあった浄土宗《じょうどしゅう》大蓮寺《だいれんじ》（昭和戦後に左京区東山二条に移転）に移された。鐘堂の鐘は寺町四条の浄土宗大雲院《だいうんいん》（昭和戦後に東山区祇園町へ移転）に引き取られ、鐘楼《しょうろう》に吊るされた。この鐘楼は、北野天《きたのてん》満宮《まんぐう》が神仏分離の際に手放したものを移築したものだ（久保田収『八坂神社の研究』）。

ちなみに、西門の石段をあがったところの、現在、疫神社、太田社があるあたりが薬師堂（観慶寺）の跡だという。

京都の祇園社が八坂神社と改称をしたことを機に、当時各地に点在していた牛頭天王社、祇園社は、八坂神社、あるいは所在地の地名にもとづく社名に改称していった（ただし、牛頭天王社のうち、愛知県津島《つしま》市の津島牛頭天王社〔現・津島神社〕を本社とするところは津島神社と改称している）。

石清水八幡宮

八幡大菩薩から八幡大神へ、宮寺から神社へ

京都府八幡市八幡高坊

◉宮寺として隆盛した京都の八幡宮

京都盆地南西部の男山《おとこやま》山頂に鎮座《ちんざ》する石清水八幡宮《いわしみずはちまんぐう》は、現在は応神《おうじん》天皇、神功《じんぐう》皇后、比咩大神《ひめおおかみ》の三柱を祭神とし、八幡大神《はちまんおおかみ》をこの三神の総称としている。

しかし、明治維新までは祭神はあくまで八幡大菩薩であり、このことから察せられるように神仏習合《しゅうごう》色が極めて強く、神社と寺院が合体した「宮寺《みやでら》」という形態を保っていたのである。

石清水八幡宮の歴史は、平安時代初めの貞観《じょうがん》元年（八五九）、八幡信仰の本源である宇佐《うさ》八幡宮に奈良大安寺《だいあんじ》の僧侶行教《ぎょうきょう》が参詣したことにはじまる。行教はその際、「都の近くに移座して国家を鎮護せん」という大菩薩《だいぼさつ》の託宣を受け、帰途、京の南の男山山頂に仮殿を設けた。つまり、石清水八幡宮を創祀《そうし》したのは、僧侶であった。翌年、朝廷の命により宝殿が造営されて大菩薩が奉祀《ほうし》されたという。

応神天皇の神霊と八幡大菩薩が同一視されたことや、王城鎮護の宮とされたこともあって、石清水八幡宮は皇室から篤く崇敬を受け、やがて伊勢神宮につぐ「第二の宗《そう》廟《びょう》」と称されるようになる。荘園《しょうえん》の寄進も相次ぎ、十二世紀なかばには、荘園や別宮《べつぐう》を含めた石清水八幡宮の所領は三十三カ国、百カ所にもおよび（これが全国各地に八幡宮が勧請《かんじょう》されるきっかけのひとつとなった）、莫大な財力を有した。八幡大菩薩が武神とも源氏の氏神ともされたことから、鎌倉時代以降の武家政権の時代になっても隆盛は続いた。そして中世以降は、実質的には、宇佐ではなく都に近い石清水が、全国に広がる八幡信仰の拠点となったのである。

◉本社本殿には阿弥陀如来像が置かれていた

石清水八幡宮の特色は、なんといっても顕著な神仏習合にあった。男山にはもともと石清水寺という寺院（伝行基《ぎょうき》開創）があったらしいが、八幡大菩薩の遷座《せんざ》後は護国寺と改称されて神宮寺《じんぐうじ》となった。石清水八幡宮はこの護国寺と一体化して発展し、運営は僧侶（社僧《しゃそう》）を中心に行われ、神職は僧侶に従うかたちとなった。山上には僧侶たちが住する宿坊が建ち並び、往時には四十八坊を数えたといい、祈禱《きとう》料などの収入もあって経済も潤沢だった。一方で、神職は山下に住み、社領（宮寺《みやでら》領）の分配も少なく、経済的な困窮を余儀なくされていた。

「石清水神社神仏分離史料調査報告」によれば、宿坊は幕末には二十三坊に減っていたが、それでも山上には仏教関係の堂塔が数多く存在していた。おもだったものをあげてみると、鐘楼《しょうろう》、八角堂（丈六《じょうろく》の阿弥陀如来《あみだにょらい》像を安置）、経蔵《きょうぞう》（宋版一切経《そうはんいっさいきょう》を収蔵）、大塔《だいとう》（多宝塔《たほうとう》。白河天皇の御願《ぎょがん》により建立。慶長《けいちょう》年間〈一五九六～一六一五〉に再興され、本殿の西側にあった）、愛染堂《あいぜんどう》（丈六の愛染明王《みょうおう》像を安置）、開山堂《かいさんどう》（行教の木像を安置）となる。そして、これらの堂塔の根本精舎《しょうじゃ》としてあったのが護国寺で、十二神将《じゅうにじんしょう》を従えた薬師如来《やくしにょらい》を本尊とし、本社本殿の東側に建っていた。

さらに驚くべきは、本社本殿のなかである。本殿は寛永《かんえい》十一年（一六三四）に幕府の後援によって修造されたものだが、内陣には本地仏《ほんじぶつ》として阿弥陀如来像が置かれ、さらに七社宮殿《くうでん》、愛染明王曼荼羅《まんだら》、行教影像、そして八幡大菩薩像として僧形《そうぎょう》御影《みえい》（軸画）も安置されていた。七社宮殿は、八幡大菩薩、神功皇后、姫大神など八幡宮

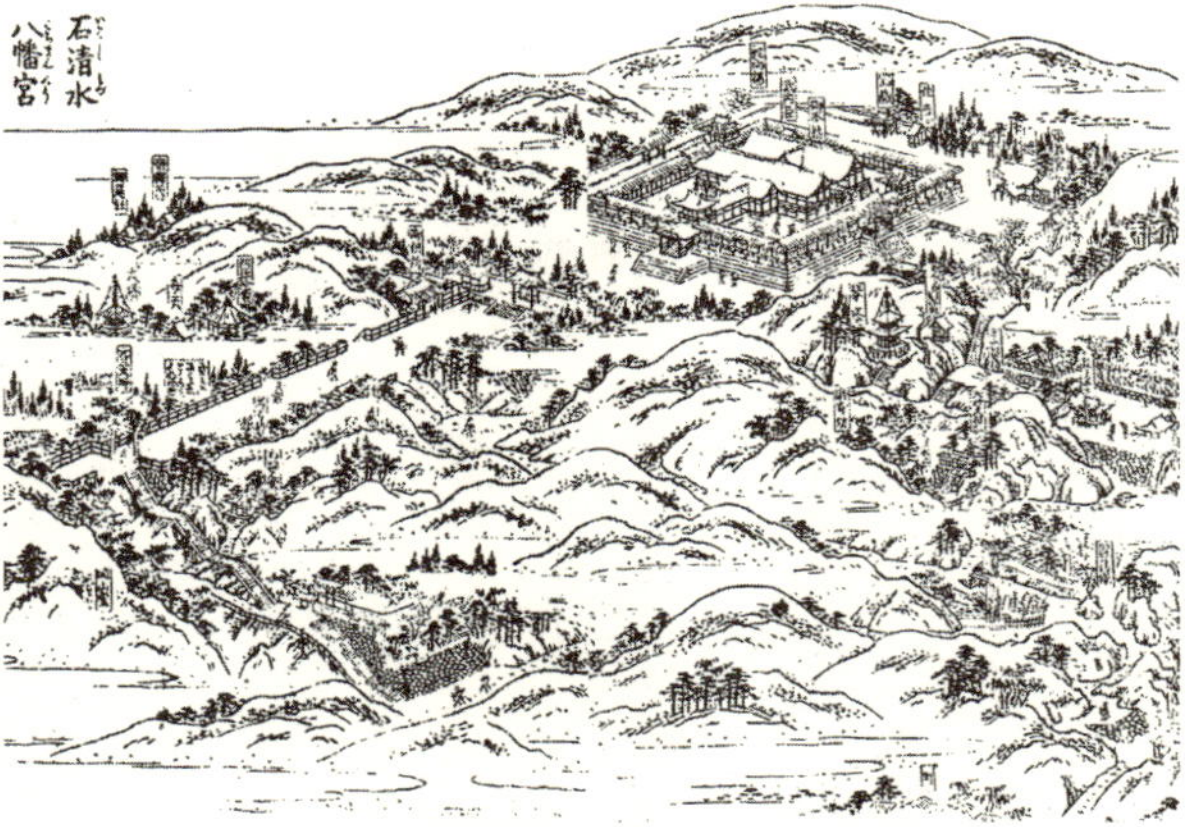

江戸時代の石清水八幡宮。右上付近に仏塔がみえる。『都名所図会』より。

に関連する七神の本地仏の御影をなかに納めた、大きめな厨子《ずし》のようなものであったらしい。

そして本社では、社僧たちによって勤《ごん》行《ぎょう》が行われていたのである。

◉開山像に対して行われた還俗式

こうした状況のもと、慶応《けいおう》四年（一八六八）を迎える。

一月、戊辰《ぼしん》戦争の緒戦となる鳥羽《とば》・伏《ふし》見《み》の戦いが勃発し、石清水の一帯は一時戦場と化し、山内は不穏な空気に包まれた。そして三月に社僧還俗令《しゃそうげんぞくれい》、神仏混淆《こんこう》禁止令が出、四月に菩薩号禁止となり、八幡大菩薩は八幡大神と改称されることになった。

石清水の社僧はみな真言宗《しんごんしゅう》で、京都の公家《くげ》と縁故をもつ者ばかりだったというが、閏《うるう》四月には社僧はすべて還俗して俗名に改めることになり、さらに協議の末、本社内の仏教関係の図像・器具は、大坂の古物商に売り払うことと決定。まず経蔵の宋版一切経は八百五十両で近江《おうみ》町人の手に渡り、鐘楼の鐘は大小合わせて二百六十五両で落札された。また、八角堂は山下の正法寺《しょうぼうじ》に移されることになった。売却代金約千両のうち九百両は細かく分割され、当座の生活費として社人たちに無利息で貸し出された。幕府という後ろ盾を失い、祈禱料を得ることもできなくなり、たちまち経済的に逼迫《ひっぱく》したからである。

ところが、売却された鐘が外国に運ばれることになり、兵庫で船に積み込まれると、船は途中で難破して沈没。「神罰か」と噂された。

本社本殿内陣の仏像・仏具は明治二年（一八六九）三月、入札に付されたが、入札時、立ち合いの社司《しゃし》の家から急報があり、急いで帰宅すると実父が急病で吐血して急死。一同はこの怪事に恐れおののき、入札は即刻中止となった。その後、神仏分離前は御殿司《ごてんす》という内陣を司る役を務めていた、元社僧の松本親雅が内陣の仏像・仏具を護持したいと自ら申し出て、明治三年、八十両を納めて、僧形菩薩像、阿弥陀像など計八点を引き取った。

滑稽なのは、明治二年十二月に開山行教の「還俗式」が行われていたことだろう。開山堂は神殿風に造り替えられ、なかに安置されていた行教の木像の頭には烏帽子《えぼし》が釘付けにされ、清祓《きよはらえ》が行われた。この木像は明治六年には山下の神応寺《じんのうじ》に移されている。

護国寺はもちろん廃され、その部材は七百二十両で売却され（本尊の薬師如来と十二神将は淡路の東山寺《とうさんじ》に移された）、宿坊もことごとく撤去された。

現在の石清水八幡宮を参詣《さんけい》してみればよくわかるが、護国寺や宿坊が建っていたと思われる場所はすっかり草木に覆われていて、往時の面影は微塵もない。神仏分離と廃仏毀釈《はいぶつきしゃく》の徹底ぶりがしのばれよう。

なお、石清水八幡宮は明治四年に男山八幡宮と改称したが、大正七年（一九一八）に石清水八幡宮の称に復している。

鶴岡八幡宮

境内の堂塔は破壊され、貴重な仏像が流出

神奈川県鎌倉市雪ノ下

◉維新前はほとんどお寺のような景観だった

鶴岡八幡宮《つるがおかはちまんぐう》の草創は、前九年《ぜんくねん》の役《えき》で奥州を鎮定した源頼義《みなもとのよりよし》が康平《こうへい》六年（一〇六三）、戦勝の報謝として氏神の八幡大菩薩《はちまんだいぼさつ》を京都の石清水八幡宮《いわしみずはちまんぐう》から勧請《かんじょう》して相模国《さがみのくに》由比郷《ゆいごう》に祀《まつ》ったことにさかのぼる。治承《じしょう》四年（一一八〇）、平氏打倒のために挙兵して鎌倉に入った頼朝《よりとも》（頼義《よりよし》の五世孫）は、由比《ゆい》の八幡宮を小林郷北山（現在の社地）に遷《うつ》した。建久《けんきゅう》二年（一一九一）、これが大火で焼失すると、頼朝は新たに社殿を造営し、改めて石清水から分霊を勧請して祀った。これが鶴岡八幡宮のルーツだ。

石清水八幡宮との結びつきが示唆するように、鶴岡八幡宮は当初から勧請元と同じく宮寺《みやでら》として運営され、鶴岡八幡宮寺とも呼ばれた。管理は社僧《しゃそう》（鶴岡八幡宮の場合はとくに「供僧《くそう》」と呼ばれた）が担い、神前読経《しんぜんどきょう》や法楽《ほうらく》が行われ、境内には薬師堂《やくしどう》をはじめとする仏教の堂塔がひしめいていたのである。［鶴岡八幡宮神仏分離事件調査

報告」には、江戸時代後期の境内の様子が、次のように記されている。
「神橋を渡ると左右に放生池《ほうじょうち》があり、右（東）の放生池の中島に弁才天《べんざいてん》の祠堂《しどう》があり、次に中央より少し左（西）に寄って仁王門が建ち、門を入って左に七間四面の護《ご》摩堂《まどう》があり、五大尊像を安置し、その奥に輪蔵《りんぞう》があって、ここに有名な源実朝《さねとも》が中国から取り寄せたという元版一切経《げんぱんいっさいきょう》が蔵され、四天王の像が安置されていた。右方には護摩堂と向かい合って多宝塔《たほうとう》があり、これは十間四面の大塔であったという。多宝塔の少し東南に鐘楼《しょうろう》があり、これには正和《しょうわ》五年（一三一六）の銘文がある大梵鐘《ぼんしょう》が釣られていたという。次に多宝塔と鐘楼の東北に十間四面の薬師堂があり、薬師三尊及び十二神将《じゅうにじんしょう》が安置されてあった。正面の石段を登ると、上宮《うえのみや》本殿の前右に六角堂があり、聖観音《しょうかんのん》を安置し、左に愛《あい》染堂《ぜんどう》があって愛染明王《みょうおう》が安置されていた」

破却前の慶応４年（1868）に撮影された多宝塔。

　また境内付近には、八幡宮を管理して仏事を執り行う供僧たちが詰める、十二の宿坊（十二院、十二坊）が建ち並んでいた。鳥居と神殿を除けば、「寺院」とみなしてもほぼ差し支えなさそうな景観であった。

◉ご神体の僧形像は売り飛ばされた

畿内からは距離があり、東国が戊辰《ぼしん》戦争に巻き込まれて混乱したせいか、鎌倉で神仏分離が本格的に実施されたのは、明治二年（一八六九）以降のことのようである。そして、明治三年五月までには前述した仏教系の諸堂塔の破却が断行された。破却はわずか十数日の間に行われたという。

バラバラにされた諸堂は古材木として売り払われた。輪蔵の元版一切経は東京の某氏に買い取られ、さらに浅草寺《せんそうじ》に渡った（浅草寺に現存）。仁王門に安置されていた仁王像は同じ鎌倉にある禅寺寿福寺《じゅふくじ》に移された。薬師堂の薬師如来《にょらい》・十二神将と愛染堂の愛染明王の各像はいったん人手に渡ったあと、東京・青梅《おうめ》の某寺に移され、愛染明王はさらに個人蔵となったが、現在は五島美術館蔵となっている。薬師如来・十二神将は東京多摩の新開院《しんかいいん》（あきる野市）の薬師堂に安置されている。

「明治初年の鶴ヶ岡八幡」によれば、上宮（本宮）のご神体は石の僧形像《そうぎょう》だったが、これは鎌倉の農夫が買い取り、背戸（鎌倉の旧地名か？）に小堂を建てて祀《まつ》り、下宮（若宮）のご神体は木の僧形像で、古物商に買い取られたという。

このほかにも多くの貴重な仏像・仏具が八幡宮から流出・散逸していった。それはもちろん神仏分離令に従った結果ではあるが、当時の供僧たちの怠慢・無節操による面も大きかったようだ。当時、少年ながら社僧として奉仕していた僧侶（静川慈潤）の回想などによれば、神仏分離の布告を聞くや、十二院の供僧たちは肉食妻帯《にくじきさいたい》ができるというのですすんで還俗《げんぞく》し、仏像・仏具を放棄し、本社門前に「僧尼不浄の輩《やから》、入るべからず」と掲示したという。ところが、還俗した供僧たちは神職として八幡宮に奉仕することにはなったものの、八幡宮そのものが財政困難になったので、転職したり、再び剃髪《ていはつ》して僧侶になった者も出るというありさまだった。

八幡宮には「廻御影《みえい》」と称される貴重な秘仏があり、維新までは丁重に供養されていたが、神仏分離後は一時某寺に預けられたすえ、行方不明となったという。一説に、その秘仏は画像で、僧形の神像を上に一体、下に三体描いたものであったという。

北野天満宮

菅原道真ゆかりの仏舎利がご神体だった

京都市上京区馬喰町

◉最初は「北野寺」と呼ばれていた

北野天満宮《きたのてんまんぐう》は、菅原道真《すがわらのみちざね》を神として祀《まつ》る全国の天満宮、天神社《てんじんしゃ》の総本社だ。

菅原道真は宇多《うだ》天皇・醍醐《だいご》天皇に重用され右大臣《うだいじん》にまで昇進するが、藤原氏の策謀により九州の大宰府《だざいふ》に左遷され、延喜《えんぎ》三年（九〇三）同地で没した。ところがその後、京都で陰謀関係者の死が相次ぎ、また落雷などの災異が相次ぐと、人々はこれを道真の怨霊《おんりょう》の仕業と恐れるようになった。さらに『北野天神縁起《きたのてんじんえんぎ》』などによれば、天慶《てんぎょう》五年（九四二）、西ノ京に住む巫女《みこ》に道真から「北野に祀れ」という託宣が下り、五年後には北野朝日寺《あさひでら》の僧最鎮《さいちん》らによって北野の地に社殿が建てられて道真の霊が祀られた。これが北野天満宮のはじまりとされている。神としての菅原道真は天満大自在《てんまんだいじざい》天神《てんじん》、略して天満天神、あるいはたんに天神とも呼ばれるようになるが、この神号は、強力な怨霊としての道真に、神威の強い仏教守護神である大自在天、雷神としての天神などが重ね合わせられて成立したものなのだろう。

北野天満宮は当初は北野寺とも呼ばれていたらしく、創建に僧侶が関与したことや、天満大自在天神という神仏混淆《こんこう》的な神号などが示唆するように、初期から仏教色が強かった。寛弘《かんこう》元年（一〇〇四）、比叡山西塔東尾坊《ひえいざんさいとうとうびぼう》（のちに曼殊院《まんしゅいん》となる）の僧侶是《ぜ》算《さん》が菅原氏の出ということで初代別当《べっとう》に任じられ、これをきっかけに、別当職は曼殊院門跡《もんぜき》が相承《そうしょう》することになった。近世には、別当曼殊院門跡のもとで、松梅院《しょうばいいん》・徳《とく》勝院《しょういん》・妙蔵院《みょうぞういん》の三家が天満宮に奉仕して「祠官《しかん》三家」と呼ばれたが、彼らは法体《ほったい》ながら妻帯《さいたい》し、その地位を世襲した社僧《しゃそう》であった。この三家の下に、目代《もくだい》、宮仕《みやじ》という社僧の職があり、さらにこの下に社人《しゃにん》つまり神職が置かれていた。

『北野神社神仏分離調査報告』によれば、幕末時には、境内には、朝日観音堂《かんのんどう》（十一面観音像を安置）、毘沙門堂《びしゃもんどう》、輪蔵《りんぞう》、弁天堂《べんてんどう》、法華三昧堂《ほっけざんまいどう》（愛染明王像《あいぜんみょうおうぞう》などを安置）、鐘楼《しょうろう》、多宝塔《たほうとう》が神殿を囲むように建ち並んでいた。

神殿のなかをみると、本社内陣には、「御襟懸舎利《おえりかけしゃり》」と呼ばれる霊宝が北面して安置されていたという。これは道真が天台座主尊意《てんだいざすそんい》から伝持した仏舎利《ぶっしゃり》で、つねに襟に掛けて護持し、大宰府で没したのち、ここに奉迎《ほうげい》されたものと伝えられていた。なんと仏舎利が、ご神体《しんたい》として祀られていたわけだ。

このほかに室町幕府四代将軍足利義持《あしかがよしもち》が奉納した、十一面観音が描かれた銀製の御《み》正体《しょうたい》二面なども内陣に置かれていた。御正体とは、本地仏《ほんじぶつ》の像を示した鏡像や懸仏《かけぼとけ》のことで、天神の本地仏は十一面観音とされていた。

◉社僧はみな還俗し、仏像・堂塔は姿を消した

慶応《けいおう》四年（一八六八）の神仏分離によってこの神社はどう変わったのか。

同年三月、曼殊院門跡の別当職は廃止となり、祠官三家以下の社僧はことごとく還《げん》俗《ぞく》した。当時、宮仕は四十九人いたが、みな一度に還俗したという。還俗した祠官三家は正神主となり、八月五日には臨時祭が行われて、「長く続いた仏教の穢《けが》れを除き、神威を称揚する」という趣旨の祝詞《のりと》が読み上げられた。

仏像・堂塔はつぎつぎに売られたり、破壊されたりした。

本社内陣の御正体二面は古物商に売られ、木綿商人藤原源作がそれを買い受けた。

源作はそれを破壊しようとしたが、それを行った職人がたちまち手に激痛を覚えたので中止し、源作が造営した小堂に安置した。朝日観音堂は破壊され、本尊十一面観音像は売却され、奈良の浄土宗西願寺《じょうどしゅうさいがんじ》に渡った。輪蔵も破壊、一切経《いっさいきょう》は京都の大報恩寺《だいほうおんじ》に持ち込まれた。多宝塔は破壊のうえ売却された。

そしてくだんの仏舎利だが、とにかくどこか余所《よそ》へ移すと決まったところ、常照皇寺《じょうしょうこうじ》（京都市右京区北井戸町。臨済宗天龍寺派《りんざいしゅうてんりゅうじ》）の前住持《じゅうじ》で、当時、北野に近い千本出水《せんぼんでみず》に隠居していた魯山《ろざん》がこれを聞きつけ、買い受けたいと申し出た。魯山はつい最近、白馬に乗った道真を自分が出迎える夢を見たのだという。かくして仏舎利は二百五十両で売却されたが、表向きは天満宮から常照皇寺に寄付されたということになった。

明治二年（一八六九）十一月二十六日、仏舎利は輿《こし》に移されて常照皇寺に運ばれた。この日は朝から激しい雷雨となったが、ほどなくしてやみ、雲ひとつない晴天になった。夕方、仏舎利が寺に到着し、奉迎式が終わると、にわかに寒風が吹き、雪が舞い、初雪となった。人々はこれぞ天神の霊異《れいい》と口にしあったという。

太宰府天満宮

焼き捨てられた道真自筆の法華経

福岡県太宰府市宰府

◉社殿・堂塔が建ち並ぶ神仏混淆の宮寺だった

天神《てんじん》信仰のもうひとつの拠点、福岡の太宰府天満宮《だざいふてんまんぐう》についても触れておこう。

藤原氏の策謀により都から大宰府《だざいふ》（官庁名としては「大」の字が用いられる）に左遷された菅原道真《すがわらのみちざね》は、延喜《えんぎ》三年（九〇三）、その地で没した。筑前《ちくぜん》国三笠《みかさ》郡の「四堂」付近に遺体を葬ろうとしたところ、途中で車を引いていた牛が動かなくなったため、その場所に葬ることになった。その後、墓に祠《ほこら》が建てられ、延喜十年にそこに安《あん》楽寺《らくじ》が建立された。これが太宰府天満宮の草創だといわれている。つまり、北野《きたの》天満宮と同じく、そのはじまりは寺院であった。

その後、都で怨霊《おんりょう》と恐れられた道真の神格化が進み、「天満大自在天神《てんまんだいじざいてんじん》」と仰がれるようになると、道真の廟所《びょうしょ》としての安楽寺は天満宮安楽寺、安楽寺天満宮などとも称されるようになって隆盛に向かい、境内には社殿・堂塔が建ち並んで、神仏混淆《こんこう》の宮《みや》寺《でら》として発展していった。

だが、明治の神仏分離を迎えると仏像・仏具は撤去されて安楽寺は廃され、明治五年（一八七二）には太宰府神社と改称された。太宰府天満宮への改称は昭和二十二年（一九四七）のことだ。

「太宰府天満宮に於ける廃仏《はいぶつ》」は、この時期のこととして興味深い逸話を記している。明治維新まで太宰府天満宮のご神体は、道真の木像ではなく道真自筆とされる『法華《ほけ》経《きょう》』八巻で、左遷先の大宰府で道真が心血を注いで三年かけて書写したものと伝えられていた。ところが神仏分離となって神道が勢いをもつと、当時の天満宮宮司《ぐうじ》（元僧侶で、菅原家の血を引く五條《ごじょう》家の出身）が「天満宮は神様なのに、『法華経』をご神体としているのは以ての外だ」と言って火に投じ、焼き捨ててしまった。

この話は、明治十七年に仏教思想家の大内青巒《おおうちせいらん》が太宰府に講演に赴いた際、その頃はすでに隠居していたその元宮司から打ち明けられたものだそうで、元宮司は「軽率にも、国宝を火中に投じたのは誠に申し訳のない次第です」と涙ながらに懺悔《ざんげ》したという。

日光東照宮

廃絶も検討された巨大家康廟

栃木県日光市山内

◉家康霊廟を中心とした神仏混淆の霊場

世界遺産に登録されている日光山《にっこうさん》は現在、二荒山《ふたらさん》神社、東照宮《とうしょうぐう》、輪王寺《りんのうじ》の三つからなるが、神仏分離前はこれらが渾然《こんぜん》一体となり、神仏習合《しゅうごう》の様相を濃く呈していた。

日光山とは、栃木県西北部にそびえる男体山《なんたいさん》（二荒山）・女峰山《にょほうさん》・太郎山《たろうさん》の三山への信仰を起源とする霊場で、三山の東方の裾野に社寺が建ち並ぶ。その歴史は、天平神護《てんぴょうじんご》二年（七六六）、日光山を開山した下野《しもつけ》国生まれの僧勝道《しょうどう》が恒例山（現在の東照宮の裏山）の南麓に創建した四本龍寺《しほんりゅうじ》にはじまる。

四本龍寺（のちに満願寺《まんがんじ》とも称する）は輪王寺の前身ともいえるが、九世紀にはその南側に神社が建てられ、四本龍寺の地を本宮と呼ぶのに対して、新宮と呼ばれた。新宮はほどなく本宮の北側に遷《うつ》るが、これが二荒山神社のルーツだ。

また、神仏習合が進むと、三山を三仏（千手観音《せんじゅかんのん》・阿弥陀如来《あみだにょらい》・馬頭観音《ばとうかんのん》）に比定し、三社（新宮・滝尾《たきのお》〈現在は二荒山神社に属する滝尾神社〉・本宮）と同体とする見方があらわれ、三仏（＝日光三所権現《さんしょごんげん》）を祀《まつ》るものとして金堂《こんどう》（のちの三仏堂）が創建され、日光山全体が日光三所権現とも呼ばれた。また、山中一円の諸院諸坊は満願寺と総称された。

江戸時代に入り、元和《げんな》二年（一六一六）、徳川家康が没すると、山王一実神道《さんのういちじつしんとう》（天台宗《てんだいしゅう》系の習合神道）を唱える天台僧天海《てんかい》の主導で、家康は本地仏《ほんじぶつ》を薬師《やくし》如来とする東照大権現《とうしょうだいごんげん》として日光三所権現に祀られることになり、元和三年、日光東照社が三仏堂の東に建てられ、家康の霊柩が遷葬《せんそう》された。三代将軍家光《いえみつ》は社殿を絢爛《けんらん》豪華なものに一新し、正保《しょうほう》二年（一六四五）には日光東照宮と改称された。また、日光山全体を束ねる門主には法親王《ほっしんのう》（出家した皇子）が代々就いて輪王寺宮《りんのうじのみや》を称し、天台座主《ざす》と寛永寺《かんえいじ》山主を兼帯して、将軍に比肩する権威をもった。

大雑把にいえば、古代以来の神仏混淆《こんこう》霊場である日光三所権現に、江戸時代になって東照宮（東照大権現）が加わったというかたちである。そして、日光山の中心は東照宮となり、僧侶はその奉仕者、神社は地主神《じぬしがみ》という位置づけになった。

◉二社一寺にまとめられ、破却を免れる

神仏分離令が出された慶応《けいおう》四年（一八六八）は、旧幕府軍と新政府軍が激突する戊《ぼ》辰《しん》戦争のさなかだった。徳川家の宗廟《そうびょう》である日光山では警戒が厳重となり、四月、新政府軍が迫ると、東照宮の別当《べっとう》（大楽院）がご神体を奉じて会津《あいづ》に逃れ、さらに山形、仙台の各地を転々とした。この間、旧幕府側の奥羽越列藩同盟《おううえつれっぱんどうめい》が輪王寺宮公現《くげん》法親王を擁《よう》して盟主にいただいている。輪王寺宮が新政府軍に帰順した十月、ご神体は日光に帰山したが、別当は行方不明になったという。

一方、神仏分離令に対しては、日光山側は当初、「日光の神は仏法によって僧徒が祀ってきたものなので、無理に神社と寺院に分離すると、かえって神仏混淆に陥るおそれがある」と社寺裁判所に訴えて取り止めを求めた。その嘆願は認められなかったが、明治四年（一八七一）まで神仏分離の実行は延期された。この間、新政府側が、旧幕府勢力の象徴である徳川家宗廟の廃絶を検討していた可能性は考えられよう。

明治四年、官命により日光山では僧侶の神社奉仕は禁止され、山内は東照宮、二荒山神社（新宮）、満願寺（のちに輪王寺と改称）の三つに分離独立することになった。また、諸院諸坊の僧侶は輪王寺宮の旧殿にすべてまとめられて居住し、各院各坊の称号はなくなり、満願寺という寺号に統一されることになった。

神地（東照宮と二荒山神社の境内）にある仏堂は満願寺への移転が命じられたが、費用などの問題もあって三年の延期が認められ、明治七年にようやく二社一寺の境界線が確定した。三仏堂は売り払うとか縮小して移転するなどの案が出たが、その頃、地元住民から「堂塔をこわすと町の衰退を招く」と堂塔移転反対の声があがりはじめた。また、同じ頃、新政府の木戸孝允《きどたかよし》が日光山の壮麗な堂社を実見して、これらの保存を提案している（『日光に於ける神仏分離』）。

このようなこともあって、結局、移転された建築物は相輪橖《そうりんとう》と三仏堂、鐘楼《しょうろう》程度で、明治十三年、そのほかはそのまま据え置かれることに決まった。そのため、神社である東照宮の境内には今も本地堂（薬師堂）、五重塔などの堂塔が残され、神仏習合時代の姿を今日にとどめる貴重な例となっている。

宮寺に祀られていた仏像

明治の神仏分離まで鶴岡八幡宮（鶴岡八幡宮寺）の愛染堂に安置されていた愛染明王坐像（『明治維新神仏分離史料』より）。13世紀頃の制作と考えられ、運慶作と伝えられる優品。持ち主を転遷し、現在は五島美術館が所蔵している（78ページ参照）。

第三章

廃仏毀釈と古寺名刹の危機

Introduction

権力に翻弄された仏たち

明治の神仏分離は期せずして廃仏毀釈《はいぶつきしゃく》へと発展してしまったが、この章は、その廃仏毀釈を受けた、寺院側の視点でまとめてみた。

まず筆頭として廃仏毀釈の代表例である興福寺《こうふくじ》を取り上げ、それから奈良の古寺・大寺のうち、廃仏の嵐を受けて消滅・転身・鎮守《ちんじゅ》の分離という、それぞれに特徴的な道をたどった寺院に注目してみた（内山永久寺《うちやまえいきゅうじ》、談山《たんざん》神社〈妙楽寺《みょうらくじ》〉、東大寺《とうだいじ》、法《ほう》隆寺《りゅうじ》、薬師寺《やくしじ》）。さらに、徳川政権とのつながりが強い東京の巨刹《きょさつ》における廃仏の事例（浅草寺《せんそうじ》、増上寺《ぞうじょうじ》、寛永寺《かんえいじ》）をみたうえで、地方の代表として鳥取の大山寺《だいせんじ》を取り上げた。また第五章では、藩単位で徹底的に廃仏が実施されたケースにも触れてみたので、合わせて参照していただきたい。

明治の廃仏運動は一時的に激しさをもったが、それは、徳川幕政下で事実上の国教扱いを受けた仏教に対する、維新勢力による一種の意趣返しでもあったのだろう。

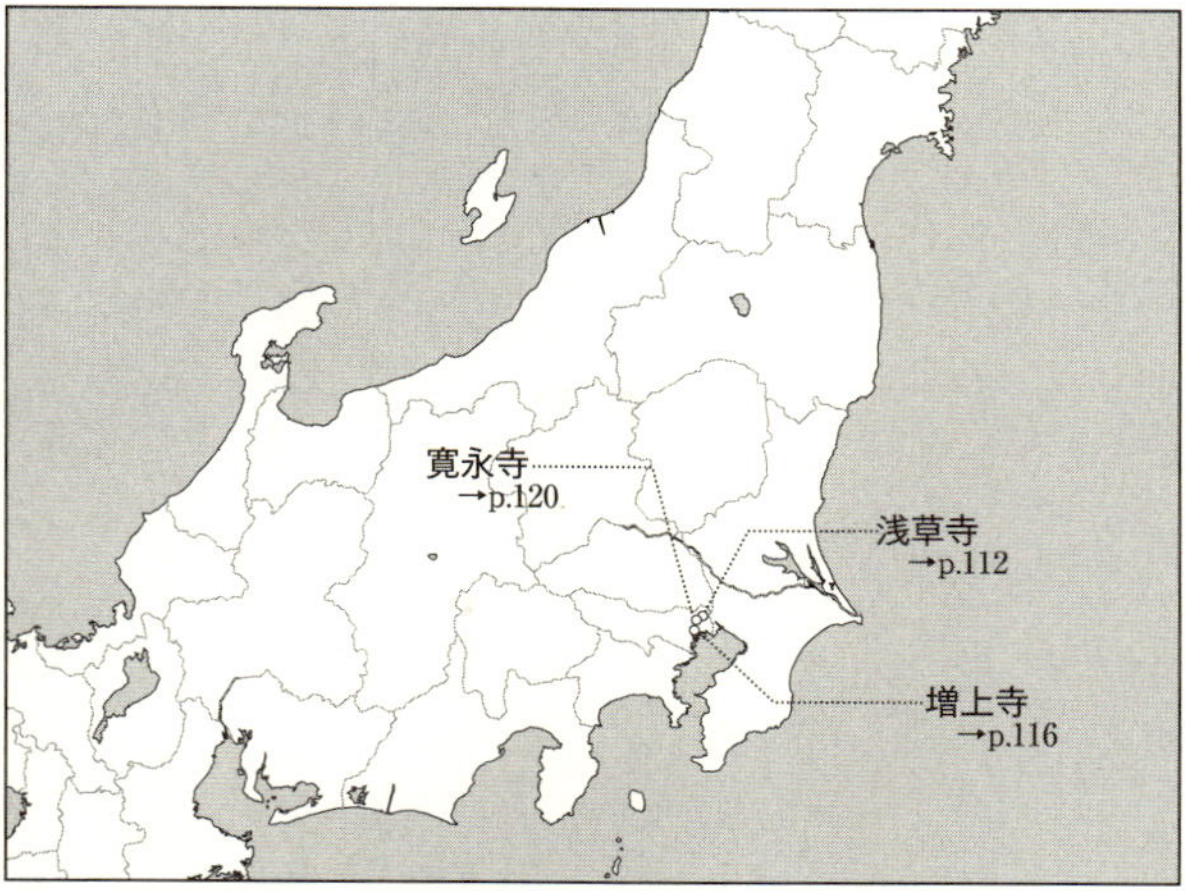
寛永寺
→p.120
浅草寺
→p.112
増上寺
→p.116

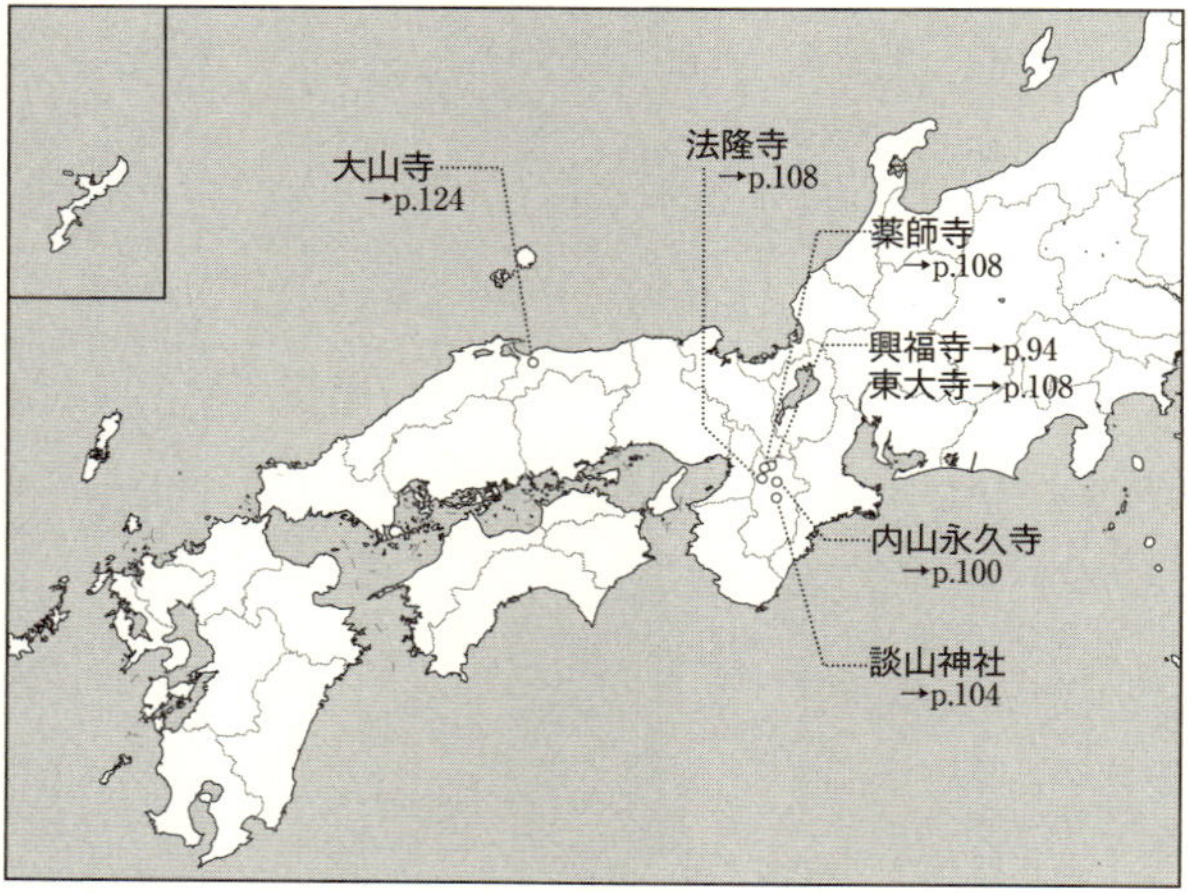
大山寺
→p.124
法隆寺
→p.108
薬師寺
→p.108
興福寺→p.94
東大寺→p.108
内山永久寺
→p.100
談山神社
→p.104

興福寺

全僧侶が還俗して放棄された名門寺院

奈良市登大路町

明治維新における廃仏毀釈《はいぶつきしゃく》の例として真っ先にあげられるのが、奈良の名刹、興福《こうふく》寺《じ》だ。

◉藤原氏の氏神・春日社と一体化して発展

興福寺は藤原鎌足《ふじわらのかまたり》の菩提《ぼだい》のために飛鳥《あすか》時代に建立された山階寺《やましなでら》が起源とされ、和《わ》銅《どう》三年（七一〇）の平城京《へいじょうきょう》遷都に際して鎌足の子不比等《ふひと》が現在地に移し、興福寺と寺号を改めた。八世紀なかばには興福寺東側の御蓋山《みかさやま》（春日山《かすがやま》）の麓に藤原氏の氏神《うじがみ》として春日《かすが》大社（以下、春日社）が創建され、藤原氏の氏寺《うじでら》興福寺と氏神春日社は一体となって繁栄してゆく。

しかし、春日社よりも興福寺のほうが政治的にも社会的にも上位に置かれ、全体は、興福寺の子院である大乗院《だいじょういん》と一乗院《いちじょういん》によって統轄された。平安時代後期以降から中世にかけては興福寺は全国各地に荘園《しょうえん》を有して莫大な経済力をつけ、政治的にも力をもち、国司《こくし》・守護《しゅご》にかわって大和《やまと》国を支配した。

ちなみに、一乗院の門主には藤原氏摂関《せっかん》家の近衛《このえ》家の出身者が、大乗院門主も同じく摂関家の九条《くじょう》家の出身者が就くのが慣例となった。

◉維新後は新政府に服従して僧侶はみな還俗

さて、王政復古《おうせいふっこ》の大号令が発せられると、興福寺は新政府に対し「王政復古令に一同踊躍《ゆやく》恐悦《きょうえつ》する次第で、天恩に報いるべく玄米千石を献納したい」と申し出て（慶《けい》応《おう》三年〈一八六七〉十二月二十七日）、ひたすら恭順の姿勢をみせている。

翌年に神仏分離令が発せられると、四月十三日、興福寺は大乗院門主隆芳《りゅうほう》・一乗院門主応昭《おうしょう》の連名で、次のような内容の復飾願《ふくしょくねがい》を新政府側に提出した。

「春日社には社人《しゃにん》は昔からいますが、その連中はただ神前に奉仕するだけで、神の供《く》米《まい》、社殿の造営から、山林や燈籠《とうろう》・神鹿《しんろく》の管理に至るまでを、興福寺が差配してまいりました。そして興福寺一山は大乗院・一乗院の指導のもと、一同春日明神に奉仕してまいりました。したがいまして、一同復飾のうえこれまでどおり春日社に奉仕させていただければ、微力ながら、一同勤王の道を第一に尽力致す所存です。また、興福寺は組織が複雑なため、復飾後も、私ども大乗院・一乗院の両門主に別当《べっとう》職と社務職を勅許《ちょっきょ》していただくようお願いいたします」

興福寺と春日社とのつながりを強調し、僧侶は還俗《げんぞく》しても春日社の神職に転職できるように願い、そのうえ、自分たち（大乗院・一乗院）が従前どおり最高位に就けることの保証も求めている。この時点で、興福寺は完全に仏法護持をあきらめていたのだろうか。

この願書に対して、神祇《じんぎ》事務局は「復飾後は当分の間、新神司《しんしんし》と称し、これまでどおり春日社に奉仕すること」「春日社の社頭にある仏具類はことごとく興福寺に移すこと」と返答した。つまり、興福寺僧の還俗が承認され、元僧侶はとりあえず「新神司」という名目で神職に取り立てられることになったのだ。

結果、大乗院の隆芳は松園尚嘉《まつぞのひさよし》、一乗院の応昭は水谷川忠起《みやがわただおき》と改名。他の僧侶もつぎつぎに俗名を名乗った。

◉放棄された末寺と大伽藍

閏《うるう》四月十五日には、興福寺は末寺一同を招集し、これまでの経緯を報告したうえで、以後、末寺との関係を絶つことを通達した。この時点での興福寺の末寺は十八カ寺、そのほかに八十三の子院と六坊があった。これらが一気に放擲《ほうてき》されたのである。

江戸時代の興福寺。広大な境内を有していた。『大和名所図会』より。

次に問題となったのは、いまだ残されていた興福寺の伽《が》藍《らん》や仏像などの処置だ。

東大寺から管理を引き受けたいという申し出があったが、神仏分離の嵐もようやく収まった明治二年（一八六九）になると、興福寺の元僧侶のなかに「政府の命令と思ってあわてて還俗してしまったが、維新は廃仏を命じるものではないことがわかったので、再び僧に戻り、由緒ある興福寺を再興したい」と訴える者も現れはじめた。

結局、評議のうえ、興福寺の堂塔伽藍の管理は縁の深い西大寺《さいだいじ》と唐招提寺《とうしょうだいじ》に託されることになった。

それでも明治三年頃には、仏器・仏具は売却されて地金となり、千体仏などの仏像は束ねられて薪《まき》となるなどして寺宝の散逸が続き、境内に法音は聞こえず、香烟《こうえん》は絶え、堂塔伽藍はもはや無用の長物となっていた。明治五年には教部省《きょうぶしょう》から廃寺の指令が下り、食堂《じきどう》をはじめとする諸堂や塔頭《たっちゅう》・子院はことごとく破壊され、土塀や門は取り払われ、わずかな堂塔が残るのみとなった。一乗院は没収されて奈良県庁となり（のちに奈良地方裁判所となる）、大乗院は破壊（奈良ホテルに庭園の一部が残る）、食堂跡には洋館の寧楽《なら》師範学校が建てられた。中金堂は役所として接収された。

後世、有名な話となっているが、五重塔はいったん二十五円で売却され、買主は金具を得ることを目的にこれを解体しようとした。ところが、解体に多額の費用がかかるとわかったので、火をつけて焼け落ちさせてから金具を得ようと考えたが、類焼をおそれる近隣の住民から抗議を受け、沙汰止《さたや》みとなった（『奈良に於ける神仏分離』）。こうしてからくも室町時代再建の五重塔は残ったのである。二十五円という金額は現在の物価にあてはめるとどのくらいだろうか。明治八年頃の巡査の初任給は四円だったというから、百二、三十万円ぐらいか。十大弟子像の一部、定慶《じょうけい》作帝釈天《たいしゃくてん》像（現・

根津美術館蔵）など、仏像の優品が流出したのもこの折のこととみられる。

明治維新の神仏分離は、通常、別当寺《べっとうじ》・神宮寺《じんぐうじ》に祭司権も経済も支配されていた神社を寺院から引き離し、神社から仏教色を一掃し、社僧《しゃそう》を還俗させて神職に衣替えする、というスタイルをとった。それがときに、日吉社《ひよししゃ》のケースのように神職たちの乱行を誘発し、廃仏毀釈におよんだのだった。ところが、興福寺の場合をみると、たしかに春日社の神宮寺的地位にあったが、春日社そのものには仏教色はさほどなく、興福寺と春日社はそれなりに隔絶されて共存していた。つまり、すでに神仏分離はなされていたわけだ。ただし、興福寺の僧侶たちは春日社にも奉仕し、社僧のような立場にもあった。そのために、社僧排斥を含んだ神仏分離令が出されるや、彼らはみなあわてて還俗し、春日社の神官になろうとしたのだろう。その結果、由緒ある寺院が放棄されることになり、それが廃仏毀釈に発展してしまった。興福寺についていえば、僧侶たちが率先して廃仏毀釈を引き起こしたようなものであった。

内務省からようやく興福寺再興の許可が正式に出たのは明治十四年のことだが、境内地は大幅に縮小され、多くの堂宇《どうう》は失われたままとなった。

内山永久寺

跡形もなく消え去った巨大密教寺院

奈良県天理市杣之内町

◉密教の巨刹として繁栄した石上神宮の神宮寺

巨刹《きょさつ》がまるまる廃寺となり、跡形もなく消え失せてしまった例をあげてみよう。

奈良の石上神宮《いそのかみじんぐう》は崇神《すじん》天皇の時代の創祀《そうし》と伝えられる、由緒ある古社である。石上神宮（布留社《ふるしゃ》、石上社）には神宮寺《じんぐうじ》が複数あったが、そのなかで別当《べっとう》を務めたのが、内山永久寺《うちやまえいきゅうじ》だ。石上神宮から南に五〇〇～六〇〇メートルほどの距離にあった内山永久寺は、平安時代後期の永久二年（一一一四）に鳥羽《とば》天皇の勅願により興福寺《こうふくじ》僧頼《らい》実《じつ》によって創建されたと伝えられ、壮麗な大伽藍《だいがらん》を誇った。院号を金剛乗院《こんごうじょういん》といい、真言宗《しんごんしゅう》に属し、本尊は阿弥陀如来《あみだにょらい》であった。創建時の年号にちなんで永久寺と称し、その寺地が密教法具である五鈷杵《ごこしょ》のかたちをして中央にひとつの山峰があったので、内山と号したという。中世には他の大和《やまと》の諸寺と同様に興福寺の末寺となった。

江戸時代には寺領が九百七十一石に達し、大伽藍《がらん》のほかに五十二もの坊舎をもつ巨刹となっていた。慶長《けいちょう》五年（一六〇〇）の奥書がある『内山永久縁記』によると、伽藍には次のようなものがあった。

灌頂堂《かんじょうどう》（真言堂とも。定朝《じょうちょう》作の大日如来像《だいにちにょらいぞう》、両界曼荼羅《まんだら》、真言八祖御影図《みえいず》、真言八祖行状図などを安置）、御影堂（快慶《かいけい》作空海《くうかい》像を安置）、十三重の石塔、大塔《だいとう》（多宝塔《たほうとう》）、鎮守社《ちんじゅしゃ》（布留明神、牛頭天王《ごずてんのう》、春日《かすが》明神、白山権現《はくさんごんげん》を祀《まつ》る）、本堂（伝恵心《えしん》作の本尊阿弥陀如来像を安置）、観音堂《かんのんどう》、吉祥堂《きっしょうどう》、常存院、地蔵堂《じぞうどう》、不動堂《ふどうどう》（運慶《うんけい》作の不動明王像《ふどうみょうおう》、八大童子像《はちだいどうじ》を安置）。

また、境内《けいだい》には「安産神尊」あるいは「正産守護神」などと称する、神功《じんぐう》皇后ゆかりの「霊璽《れいじ》」を納めた神庫もあったという（「内山永久寺の神仏分離」）。

◉明治初年に廃寺となり、貴重な仏像・仏画が流出

しかし神仏分離令が出されると、慶応《けいおう》四年（一八六八）八月、上乗院大僧正亮珍《じょうじょういんだいそうじょうりょうちん》以下、山内の住僧二十二名はみな復飾《ふくしょく》し、布留社（明治十六年〈一八八三〉に石上神宮と正式に改称）の神官となった。しかし当初、彼らは寺地を移して永久寺を残すこ

とを計画していたらしい。この年の九月に亮珍らが役所に「私どもは復飾後も山内に住居しておりますが、神仏混淆《こんこう》となりますので、山内を社地に改め、境外の山林に相応の地がありますので、永久寺の伽藍諸堂をそこへ転遷し、持僧のなかから人選して仏事を勤めさせたいと思っており、どうかお願い申し上げます」という口上書を出しているからだ。これは、永久寺の土地をすべて布留社に譲り、その代わり近隣の山林を拓《ひら》いてそこに堂塔伽藍を丸ごと移転させ、寺と僧侶を残したいということであろう。

しかし、この嘆願が役所に受け入れられた様子はない。翌明治二年（一八六九）五月に亮珍が「復飾後は神官として布留社に真摯《しんし》に奉職しているので、それにふさわしい官職・位階に叙してほしい」と神祇官《じんぎかん》に嘆願しているところをみると、旧僧侶たちは永久寺の存続には早々と見切りをつけてしまっていたのかもしれない。

明治五年に文部省の社寺宝物調査が入った頃には、永久寺旧蔵の宝物類は還俗《げんぞく》僧の私宅に移されていた。この時点で、堂塔・坊舎はかなり破却・処分されていたものと思われる。そして、明治九年までには完全に廃寺となってしまった。

その頃のエピソードとして、こんなものがある。

廃寺の検分に役人が出向くと、永久寺僧は「今日から仏門を去って神道になります。その証拠にほらこの通り」と言って薪《まき》割りで仏像を頭からたたき割った。役人もさすがにこれにはあきれ、その坊主を放逐《ほうちく》した。その後は村人たちが寺に闖入《ちんにゅう》して衣類調度、建具、食料などを奪い去っていったが、仏像・仏画だけは持っていく者がいない。しかたなく役所の命令で庄屋の中山家が預り賃をもらって預かった（正木直彦『十三松堂閑話録』）。

こうして貴重な仏像・仏画は散逸した。明治の実業家藤田傳三郎《ふじたでんざぶろう》らのコレクションを展示する藤田美術館の国宝「両部大経感得図《りょうぶだいきょうかんとくず》」は永久寺旧蔵のものだが、これは中山家から買い受けたものらしい。建築物では、かろうじて残っていた鎌倉時代建造の鎮守社社殿が大正三年（一九一四）に石上神宮に移築され、摂社出雲建雄《せっしゃいずもたけお》神社拝殿として現存し、国宝に指定されている。

寺跡は現在ではのどかな田園となっていて、かつてここに大伽藍があったことなど、想像することすら難しい。今も残る本堂池が、かろうじて往時の面影のよすがとなっている。

談山神社

寺院の堂塔をそのまま残して神社に変身

奈良県桜井市多武峰

◉藤原鎌足の霊廟が原点

神仏分離に際し、寺院が、廃寺になるのではなく、伽藍《がらん》をほぼそのまま残しつつ、ものの見事に神社に大変身を遂げたというユニークな例も紹介しておこう。

天智《てんじ》天皇八年（六六九）、藤原鎌足《ふじわらのかまたり》が没すると遺骸は摂津《せっつ》国阿威山《あいやま》（大阪府茨木市）に葬られたが、天武《てんむ》天皇六年（六七七）、鎌足の長子で僧侶の定慧《じょうえ》（不比等《ふひと》の兄）が父の遺命と称して飛鳥《あすか》東方の山中である大和《やまと》国十市《といち》郡多武峰《とうのみね》に移葬し、十三重塔を建て、数年後その南に三間四面の講堂を建てて妙楽寺《みょうらくじ》と称した。大宝《たいほう》元年（七〇一）、塔の東に方三丈の御殿をつくり鎌足の木像を安置した。この御殿はのちに聖霊院《しょうりょういん》と呼ばれるようになる。これが、たんに「多武峰」とも総称される藤原氏の始祖鎌足の霊廟《れいびょう》の草創縁起だが、史実性を疑い、実際の被葬者を不比等とみる説もある。

多武峰は、十三重塔を中心とする妙楽寺と、鎌足の霊像を祀《まつ》る聖霊院の二つが核となって発展したが、平安時代の延長《えんちょう》四年（九二六）には総社が創立され、談山権現《たんざんごんげん》の勅号が下賜《かし》された。ちなみに、多武峰は談峯とも書かれ、鎌足が中大兄皇子《なかのおおえのみこ》（のちの天智天皇）と蘇我《そが》氏制圧について語り合った場と伝えられる。

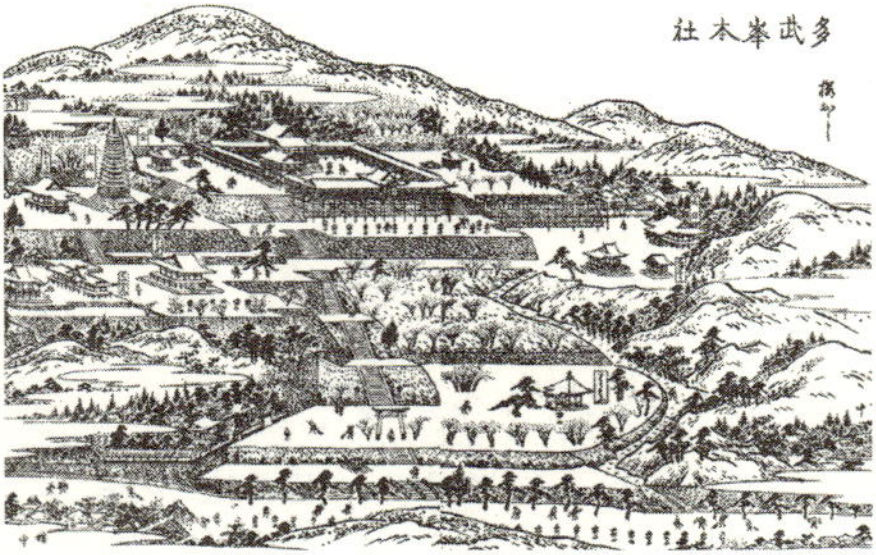

江戸時代の多武峰。『大和名所図会』より。

多武峰が古代以来、神仏習合《しゅうごう》の場となっていたことは間違いなく、それはここが、多武峰のほかに、妙楽寺、談山権現、談山明神など、さまざまな称で呼ばれていたことからもわかる。

しかし、本来的には寺か神社かというと、寺とする説のほうに軍配があがる。というのも、「多武峰の神仏分離」によれば、「談山権現」とははじめは境内の一画に建てられた総社の名称で、「談山明神」はそれに対して室町時代に授けられた神号であり、のちにそれが誤って聖霊院に対する称となり、さらには妙楽寺を含む一山の総称にも用いられた。鎌倉時代編と伝えられる「多武峰略記」にはその上巻に「第一寺名　多武峰」と明記され、また縁起によれば多武峰の最初の建造物は、仏塔である十三重塔であり、これは一山の根本となっている。さらに、神仏混淆《こんこう》とはいいながら、多武峰には神職がおらず、神事に奉仕して祝詞《のりと》を奏するのは必ず僧侶であった。

こうしたことなどから、「多武峰の神仏分離」は、多武峰は本来寺院であって、神社ではなかった、と結論づけている。

◉堂塔はそのまま残されて社殿に転用

ところが、維新となって神仏分離令が布告されると、山内で議論はあったものの、明治二年（一八六九）二月、僧侶は一同還俗《げんぞく》し、苗字を名乗って神職となった。そして六月三十日の大祓《おおはらえ》の日をもって、談山神社と改称した。多武峰は、寺院ではなく、鎌足の霊を祭神とする神社として存続する道を選んだのである。

この年、神職たちは、神前に復飾《ふくしょく》還俗を告げる祝詞《のりと》を奏っているが、そこには「神仏混淆を禁じ、社僧《しゃそう》が復飾し、魚を食べ、妻を迎え、神葬をなさしむことは、神国に復古《ふっこ》する尊きかたじけなきお触れで、拒むものではありません」といった文言がみえるのが興味深い。翌三年に旧社僧の神職が没すると、早速神葬祭が営まれている。

　境内の建造物はどう処理されただろうか。これまで紹介してきた例にならうなら、仏教の堂塔はたちまち破却されるところだが、談山神社は、堂塔をそれぞれ神社の殿舎に改称し、建造物そのものは極力そのまま残すという方策を採った。たとえば、こんな具合である。十三重塔→神廟《しんびょう》、講堂→拝所、聖霊院→本殿、護国院（聖霊院の拝所）→拝殿、常行堂《じょうぎょうどう》→権殿《ごんでん》、護摩堂《ごまどう》→祓殿《はらえどの》、御供所《ごくしょ》→御饌殿《みけでん》。

　しかし、まったく廃仏《はいぶつ》が行われなかったわけではない。鐘楼《しょうろう》や輪蔵《りんぞう》など、一部の建物は撤去された。諸堂に安置されていた仏像はいったん灌頂堂《かんじょうどう》に集められたうえで、売られたり譲られたりして姿を消していった。ただし、すべてが散逸したわけではなく、現在も談山神社の所蔵となって残っているものもかなりある。現在は東京国立博物館に寄託されている絹本著色《けんぽんちゃくしょく》「大威徳明王像《だいいとくみょうおうぞう》」（十二世紀）はその一例だ。

　談山神社が、神社と称しつつも寺院風の堂塔を多くそなえているのには、こんないわれがあったのである。

東大寺・法隆寺・薬師寺

南都の大寺は維新でどう変わったか

奈良県

奈良には興福寺《こうふくじ》のほかにも由緒ある大寺が数多《あまた》ある。それらもまた神仏分離の影響を受けたのだろうか。南都の諸大寺も、ざっとみておこう。

◉八幡宮を分離させられた東大寺

東大寺《とうだいじ》の法華堂《ほっけどう》(三月堂)の南側、大仏殿前の道を東へ進んだ正面に、手向山八幡宮《たむけやまはちまんぐう》がある。現在は東大寺とは別個の独立した神社になっているが、維新前は東大寺に属し、たんに八幡宮と呼ばれて、寺の鎮守《ちんじゅ》として崇敬されていた。

この八幡宮は、奈良時代、大仏が造立されたときに守護神として宇佐《うさ》八幡宮の八幡神を勧請《かんじょう》し、東大寺境内の梨原《なしはら》の地に祀《まつ》ったのがはじまりで、いわば八幡宮の分社第一号であり、なかには立像の三体の神像が祀られていたという。治承《じしょう》四年(一一八〇)の平重衡《たいらのしげひら》の南都焼き討ちで焼失した後、源頼朝による東大寺再建の際に手向山の麓の現在地に再興され、快慶《かいけい》が新造した木造僧形八幡神《そうぎょうはちまんしん》(八幡大菩薩《だいぼさつ》)坐像がご

東大寺の鎮守、手向山八幡宮。東大寺に接して鎮座し、明治維新以前は東大寺と一体だった。

神体として祀られることになった。

維新の神仏分離令では、東大寺ではこの八幡宮の処遇がまず問題になった。東大寺は当初、八幡宮はあくまで寺の鎮守だと主張していたが、明治四年（一八七一）、八幡宮は東大寺から分離されて県社となり、手向山八幡宮と称することになった。ご神体の僧形八幡像は神社の新造屋に移御《いぎょ》されたが、その後結局、寺側に引き渡されたようで、現在は、東大寺勧進所八幡殿《かんじんしょはちまんでん》に秘仏として安置されている。

奈良市法蓮町《ほうれんちょう》の聖武《しょうむ》天皇陵（佐保山《さほやま》南陵）には東大寺末寺の眉間《みけん》寺（佐保寺）があって山陵を守護していたが、神仏分離によって廃寺となり、仏像や什宝《じゅうほう》は東大寺に移された。

また、現在の東大寺境内東南の寺務所のそばに、聖武天皇を奉祀《ほうし》する天皇殿があるが、ここは江戸時代には徳川歴代将軍の位牌《いはい》を安置する東照宮《とうしょうぐう》であった。しかし、王政復古《おうせいふっこ》・維新となるや位牌は撤去されて天皇殿と変わり、東照宮そのものは手向山八幡宮に遷《うつ》されている。

◉あまり影響を受けなかった法隆寺

法隆寺《ほうりゅうじ》は鎮守社をいくつかもっていたが、そのうちの龍田明神《たつたみょうじん》、天満宮《てんまんぐう》は境外の離れた場所にあったので、神仏分離令が出されてもあまり問題視されなかった。ただし、境内《けいだい》にあった総社明神、東院総鎮守の五所《ごしょ》明神は、同じく境内に祀られていた白《はく》山権現《さんごんげん》とともに天満宮に遷祀《せんし》されて神仏分離が行われたが、大きな破壊などはなかったようだ（天満宮はのちに斑鳩《いかるが》神社と改称）。

もっとも、維新後は寺院経済が逼迫《ひっぱく》したこともあって、明治十一年、宝物約百五十点が皇室に献上され（法隆寺献納宝物）、その御報《ごほう》として伽藍《がらん》修理・寺門維持のためとして一万円が下賜《かし》されている。貴重な献納物は昭和戦後は国に移管され、東京国立博物館の法隆寺宝物館で展示されているのは周知のとおりだが、広い視野でとらえれば、このこともまた神仏分離政策の余波ということになる。

◉やはり八幡宮を切り離した薬師寺

薬師寺《やくしじ》では、南大門を出た南にある鎮守八幡宮（休ヶ岡《やすみがおか》八幡宮）が本寺から切り離された。

平安時代初期に大安寺《たいあんじ》僧の行教《ぎょうきょう》が八幡神（八幡大菩薩）を宇佐から京都男山《おとこやま》（石清水《いわしみず》）に勧請する際、薬師寺のそばの岡で神輿《みこし》を一時休ませた。そしてこの故実にちなんで、寛平《かんぴょう》八年（八九六）、薬師寺別当の栄紹《えいしょう》がこの岡すなわち休ヶ岡に寺の鎮守として八幡神を勧請した。これが休ヶ岡八幡宮のはじまりと伝えられている。

ご神体は、僧形八幡、女神二神（神功《じんぐう》皇后と仲津《なかつ》姫命《ひめのみこと》）の三柱がセットになった平安初期の三神坐像（国宝）で、木彫神像としては最古級の例となる貴重なものだが、これらは薬師寺に移された（現在は奈良国立博物館に寄託中）。

なお、休ヶ岡八幡宮は現在は薬師寺の管理下に戻っている。

浅草寺

開帳された絶対秘仏の本尊像

東京都台東区浅草

◉三社権現と一体化していた浅草寺

推古《すいこ》天皇三十六年（六二八）、宮戸川《みやとがわ》（現在の隅田川《すみだがわ》）の駒形《こまがた》付近で漁をしていた檜前浜成《ひのくまのはまなり》、竹成《たけなり》の兄弟の網に一寸八分の金色の聖観音像《しょうかんのんぞう》がかかった。引き上げられた仏像は兄弟の主人土師真中知《はじのまつち》の私宅に安置されて崇敬された。これが『浅草寺縁《せんそうじえん》起《ぎ》』（室町時代末）などにみえる古刹《こさつ》浅草寺の草創である。

その後、東国を巡歴していた勝海上人《しょうかいしょうにん》が大化《たいか》元年（六四五）に宝塔を建て、夢告《むこく》を授かって本尊聖観音像を秘仏と定めた。爾来《じらい》、本尊を納めた厨子《ずし》の戸を開けることは固く禁じられた。九世紀には円仁《えんにん》が参詣《さんけい》し、本尊のお前立《まえだて》と版木の観音像（柳の御《み》影《えい》）を刻したと伝えられている。

浅草寺では勝海を開山《かいさん》、円仁を中興開山とする一方、はじめに霊像を見出した檜前兄弟と土師真中知を寺院の守護神として境内に祀《まつ》った。それが三社権現社《さんじゃごんげんしゃ》である。中世には真中知は阿弥陀《あみだ》、浜成は観音、竹成は勢至菩薩《せいしぼさつ》の化現《けげん》として信仰されたという。

真中知、檜前兄弟の子孫は代々「三譜代《ふだい》」を務め、三社権現の社務を執り、かつ社《しゃ》僧《そう》として観音堂に交替で勤仕《ごんし》した。神託によってはじめられた三社祭は、神輿《みこし》を権現社から浅草寺本堂へ渡御《とぎょ》させてから市中をめぐり、帰社するという神仏習合《しゅうごう》的なもので、近世には江戸三大祭のひとつといわれるほどのにぎわいをみせた。

◉千古の秘仏・浅草観音が新政府の検分を受ける

江戸時代の浅草寺は、徳川家と結びつきの強い寛永寺《かんえいじ》の支配下に置かれていたが、その浅草寺で神仏分離の動きが本格化したのは、法令が発せられはじめてから半年近くが経過した慶応《けいおう》四年（一八六八）八月からである。

まず手始めに三社権現社は三社明神社《みょうじんしゃ》と改称されて浅草寺から独立することになり（十月二十六日）、三譜代のひとり土師氏系の専当坊《せんとうぼう》が復飾《ふくしょく》して社務を執ることになった。さらにこの分離にともなって、浅草寺本坊にあった蛭子社《えびすしゃ》・山王社《さんのうしゃ》・西宮《にしのみや》稲荷社《いなりしゃ》・淡嶋社《あわしましゃ》・熊野《くまの》権現社・若宮稲荷社などが三社明神社に移された（一部の社の

明治期の絵本に描かれた浅草寺本尊・聖観音像（『金竜山浅草寺聖観世音縁起』）。

拝殿は破壊された）。また、子院が管理していた小社・末社も三社に移されたり浅草寺から分離させられたりした。なお、三社明神社は明治六年（一八七三）に浅草《あさくさ》神社と改称している。

明治二年（一八六九）五月まではひととおり分離が終わったが、翌月の六月十六日、浅草寺を震撼《しんかん》させる出来事が起こった。

新政府神祇官《じんぎかん》の役人数名が浅草寺にのりこんできて、秘仏本尊の開帳を迫ったのである。

役人が「この度の神仏混淆《こんこう》の御改め」のため「本堂の御秘仏を相改めたい」と求めると、寺側はもちろん断ったが、役人は「これは勅定《ちょくじょう》（天皇の命令）である」と強要。やむなく、僧侶たちは本堂内陣に役人たちを案内し、一般参詣者を遮ったうえで、秘仏を納めた厨子を開扉《かいひ》した。そこに厳然として奉安されていた本尊を検分した役人たちは、「御尊像は大切に護持しなさい」との言葉を残して帰ったという（「龍禅院記録」「役者御用記」）。

ところで、寺側の記録は、秘仏開帳の場面についてはただ「御封印残らず切り解き、御改め滞りなく済み申し候《そうろう》」とあっさり描写するだけで、不思議なことに、千古の間、誰も目にしたことのない仏像そのものの像容について一切沈黙している。寺僧たちはみな恐れ畏まって、ただ平伏するばかりだったのだろうか。

ただし、こんな逸話もある。ある関係者の後年の回顧によれば（「浅草観世音と成田不動尊」）、神祇官の役人は「浅草の観音は至極小さい像だというから、少彦名命《すくなひこなのみこと》を祀っているのだろう」と疑って秘仏本尊を調査した。ところが、たしかに小さい像ではあるが、やはり観音だったので、浅草寺は寺院ということになったそうである。

ちなみに、浅草観音はじつは少彦名命だという異説はすでに江戸末期には一部で唱えられていたらしい。役人たちは、もしそのとおりなら浅草寺をまるごと神社にしてしまう算段だったのだろうか。

増上寺

新政府に蹂躙された徳川家菩提寺

東京都港区芝公園

◉戊辰戦争では新政府軍の宿舎に早変わり

東京タワーの足元に建つ増上寺《ぞうじょうじ》は、江戸時代には徳川将軍・幕府から手厚い庇護《ひご》を受けて興隆したことで知られる。当初は真言宗《しんごんしゅう》寺院で豊島《としま》郡貝塚（東京都千代田区平河町）にあったが、十四世紀末に浄土宗《じょうどしゅう》に改宗したという。浄土宗を宗旨としていた徳川家康は、天正《てんしょう》十八年（一五九〇）、江戸に入府《にゅうふ》すると、増上寺に詣でて師檀《しだん》関係を結んだ。慶長《けいちょう》三年（一五九八）には現在地の芝《しば》に移り、以後、徳川家の菩提《ぼだい》寺《じ》として、また浄土宗の関東十八檀林《だんりん》の筆頭として、発展を続けていった。

十七世紀なかば頃には、広大な境内《けいだい》に百二十以上の堂宇《どうう》、百軒をこえる学寮が甍《いらか》を並べ、三千名以上の学僧が住し、念仏が全山に鳴り響く巨刹《きょさつ》となっていた。二代将軍秀忠《ひでただ》をはじめとする六人の将軍が境内の墓地に埋葬されたことは、増上寺の権威をゆるぎないものとした。

だが、この巨刹の運命は、王政復古《おうせいふっこ》を機に暗転しはじめる。

慶応《けいおう》四年（一八六八）一月、戊辰《ぼしん》戦争がはじまり、鳥羽《とば》・伏見《ふしみ》の戦いで敗れた徳川慶喜《よしのぶ》が海路で江戸に戻ると、新政府は有栖川宮熾仁親王《ありすがわのみやたるひとしんのう》を大総督とする江戸親征を決定。江戸の空にはしだいに戦雲が垂れ込めはじめ、増上寺では当初、約六百人の旧幕府軍の兵が警護にあたったが、一山の戦場化を恐れた寺側は彼らを追い出してしまった。そして新政府に恭順する姿勢をとり、四月十五日に大総督が江戸に入ると、増上寺の境内最奥部にある別当真乗院《べっとうしんじょういん》を仮御殿として提供した。徳川家の菩提寺が反徳川軍の宿舎にたちまち様変わりしたのだ。大総督は二十一日には開城された江戸城に入っていった。

五月には寛永寺《かんえいじ》のある上野の山を戦場として新政府軍と彰義隊《しょうぎたい》が戦ったが、増上寺山内が直接戦災に遭うことはなかった。

七月には江戸は東京と改称され、九月には明治改元となり、十月には明治天皇が東幸した。このとき、東京最初の天皇御小休所となったのが、増上寺方丈《ほうじょう》内の、かつては将軍御装束所だった部屋だ。十七歳の天皇は召し替えをすると、行列を従えて

「東京城」と名を変えた旧江戸城に向かった。

◉戊辰戦争後は国教的神道の布教拠点となる

神仏分離が本格的に実施されたのは、戦争の紛擾《ふんじょう》が収まった明治元年（一八六八）十二月以降のことだ。

当時、増上寺山内には子院に属するものも含めて鎮守社《ちんじゅしゃ》が三十近くあった。このうち、もともとは豊島郡岸之村（港区芝公園）の鎮守で享保《きょうほう》年間（一七一六〜三六）に増上寺の管理下になった幸稲荷社《さいわいいなりしゃ》がまず分離され、この社僧《しゃそう》が還俗《げんぞく》して神官となった。続いて熊野権現《くまのごんげん》（熊野神社）、車折《くるまざき》大明神（車折神社）など、増上寺のおもな鎮守十一社が幸稲荷に合祀《ごうし》された。寺院境内に残されたこれら十一社の旧社殿は破却や売却の憂き目にあった。もっとも、そこに祀《まつ》られていたご神体は隠匿されて諸院でひそかに護持されたケースもあったらしく、じつは遷座《せんざ》が形式的なものだったことをうかがわせる。また、一山全体の火災守護神である秋葉社《あきはしゃ》は増上寺本坊に移されたといわれている（「増上寺に於ける神仏分離問題の顛末」）。

増上寺は戊辰戦争後も軍隊の屯所《とんしょ》や政府の官舎として利用されたが、明治六年にまた大きな変革がもたらされた。この時期、政府は国教的神道（大教《たいきょう》）の教育・布教機関として教部省《きょうぶしょう》の管轄のもと「大教院」を設けていたが、この年の二月、その大教院が東京麹町《こうじまち》の紀州藩邸跡から増上寺に移転することになった。そして、大教院の講堂には増上寺の大殿《だいでん》があてられることになり、本尊阿弥陀如来《あみだにょらい》像は台徳院殿霊廟《たいとくいんでんれいびょう》（秀忠の霊廟）に移され、代わりに大殿の須弥壇《しゅみだん》上には天御中主尊《あめのみなかぬしのみこと》が祀られ、大殿西側には天照大神《あまてらすおおみかみ》を祀る神殿が新造され、僧侶・神職が合同で神饌《しんせん》を供した。

また、境内南側には家康の冥福追善のために建てられた安国殿《あんこくでん》があったが、同年六月、これが増上寺から分離されて神社として独立し、東照宮《とうしょうぐう》と改称した。現在の芝東照宮である。安国殿の分離と神社化は、神道色の濃い大教院への配慮であろう。

ところが、この年の大晦日、増上寺大殿は火災で全焼。原因は、神殿に徳川家菩提寺を流用したことを敬神愛国に背く神威の冒瀆《ぼうとく》とみなす士族の放火とみられている（小川原正道『近代日本の戦争と宗教』）。

寛永寺

幕府亡魂の地となった江戸の巨刹

東京都台東区上野桜木

◉上野戦争の戦場となって荒廃

東京上野の寛永寺《かんえいじ》は、比叡山延暦寺《ひえいざんえんりゃくじ》をモデルに、寛永二年（一六二五）に天海《てんかい》を開山《かいさん》として創建された天台宗《てんだいしゅう》寺院だ。

増上寺《ぞうじょうじ》が徳川家の菩提寺《ぼだいじ》とされたのに対して徳川家の祈禱寺《きとうじ》に位置づけられ、将軍家と幕府の篤い庇護のもと、増上寺をうわまわる寺勢をもった。五代将軍綱吉《つなよし》の頃には現在の上野公園中央噴水の地に巨大な根本中堂《こんぽんちゅうどう》が建立され、八代将軍吉宗《よしむね》の頃には堂塔伽藍《どうとうがらん》三十余棟、子院三十六坊を数え、歴代将軍霊廟《れいびょう》もあり、寺領は一万一千七百石余、末寺は江戸後期には千八百カ寺に達した。山主には皇族である法親王《ほっしんのう》が代々就いて「輪王寺宮《りんのうじのみや》」号を承継し、さらにその輪王寺宮は天台（延暦寺）座主《ざす》と日《にっ》光山《こうさん》門主をも兼帯して、輪王寺宮は形式上は将軍と対等の地位をもった。

慶応《けいおう》四年（一八六八）二月、鳥羽《とば》・伏見《ふしみ》の戦いで新政府軍に敗れて江戸へ敗走した

現在の上野公園の地にあった江戸時代の寛永寺根本中堂。『東都名所上野東叡山全図』（国会図書館蔵）より。

最後の将軍慶喜《よしのぶ》は、寛永寺の子院大慈院《だいじいん》に入ってみずから謹慎し、朝廷に恭順の意を示した。四月に江戸城が無血開城されると慶喜は水戸《みと》へ去るが、新政府に抵抗する旧幕臣たちによって結成された彰義隊《しょうぎたい》は輪王寺宮公現《くげん》法親王を擁《よう》して寛永寺にたてこもり、徹底抗戦の構えをとった。

一方、東海道を東上した新政府側の官軍は芝の増上寺を足掛かりとして兵を進め、五月十五日ついに上野の彰義隊への総攻撃が決行され、寛永寺は凄惨な戦場と化した。だが、戦いはたった一日で新政府軍の勝利に決し、彰義隊は四散、輪王寺宮は寺を出て奥州に脱出、一山の僧侶も逃げ散った。根本中堂をはじめとする寛永寺の堂塔伽藍《がらん》は猛火を浴びて焼失し、廃墟には彰義隊の戦死者の屍体が散乱していた。火災を免れた堂宇《どうう》も官軍が乱入したためたちまち荒廃していった。

◉広大な境内は上野公園となる

新政府軍を率いた大総督府は、当初、彰義隊に加勢したものとみなして寛永寺諸院の住持に対してひとりも帰住を認めなかったが、同じ年の十月になって、ようやく帰住を認めた。しかし、焼け残った建物も荒廃していたので、帰住しようにもしようがないというのが実状だった。また、不忍池《しのばずのいけ》の弁天堂《べんてんどう》は、鳥居があったことから大総督府に神社とみなされ、堂舎は破壊されることになったが、寛永寺僧侶がこれを必死に阻止し、結局鳥居を撤去して仏寺と認定され、危うく難を逃れたという。

焼け跡と化した寛永寺一帯は十二月からは東京府の管轄となったが、明治二年（一八六九）二月には徳川家霊廟は徳川家に返付され、宿坊も諸藩へ引き渡され、上野山内の閉鎖も解かれた。

三年三月には一山の神社関係の建築物が東京府から寛永寺に下付され、それにともなって神仏分離が問題になった。山内には山王権現社《さんのうごんげんしゃ》、東照《とうしょう》大権現社、本地堂《ほんじどう》などの神仏混淆《こんこう》系の堂宇があり、幸い火災を免れて残存していたが、まず半壊状態の山王社は破却された。東照宮と改称された東照社の本社横には、東照大権現の本地である薬師如来《やくしにょらい》像が安置される本地堂があったが、これは一山の協議により、改築して新たな根本中堂にしようということになった。しかし、取り壊して部材を積み上げて数年を経るうちに朽ちはじめてしまったので、明治十二年、天海ゆかりの川越喜多院《かわごえきたいん》の本地堂をかつて慶喜が謹慎した大慈院に移築し、さらに東照宮本地堂の旧材も加えて堂を再建し、これを根本中堂とした。大慈院は、現在の寛永寺本坊となっている。本地仏の薬師三尊像は子院の浄名院《じょうみょういん》に移された。

明治六年には旧寛永寺境内一帯は上野公園の用地となり、山内の子院は谷中《やなか》に寺地を移して再建された。十五年には本坊跡に博物館が開館した（現・東京国立博物館）。

かくして寛永寺は維新後も生き残り、とくに廃仏毀釈《はいぶつきしゃく》を被ったわけではないものの、幕府という大檀那《おおだんな》を喪失したがゆえに栄華は過去のものとなり、壮麗な堂塔伽藍はもちろんのこと寺域の大半を奪われ、庶民の参詣《さんけい》や祭礼のにぎわいをも失ってしまった。

大山寺

山陰の地蔵霊場が見知らぬ神社の奥宮に

鳥取県西伯郡大山町大山

◉地蔵信仰を本源とする特異な聖地

中国地方の最高峰である鳥取県の大山《だいせん》（標高一七二九メートル）は伯耆《ほうき》富士とも呼ばれ、古くから山岳信仰、修験道《しゅげんどう》の聖地となった。そしてこの山の北側中腹にあるのが、奈良時代創建と伝わる大山寺《だいせんじ》だ。

伝承によれば、奈良時代、出雲《いずも》国の金蓮《こんれん》が大山山中で地蔵菩薩《じぞうぼさつ》を感得し、大山を開いて地蔵を祀《まつ》ったのがはじまりだという。平安時代には地蔵信仰を中心として、釈迦《しゃか》如来《にょらい》を祀る南光院《なんこういん》、阿弥陀《あみだ》如来を祀る西明院《さいみょういん》、不動明王《ふどうみょうおう》を祀る中門院《ちゅうもんいん》が山内に成立し、これら一山の諸院・堂社を大山寺と総称するようになった。また、大山の地蔵は大山権現《ごんげん》、大智明《だいちみょう》権現としても信仰されるようになり、大智明権現を祀る社（大智明権現社）が大山の本社とされた。

平安時代以降、修験道場として大山寺はおおいに栄え、また各院が抱える僧兵《そうへい》は大

伯耆富士とも呼ばれる鳥取県の大山。中国地方を代表する山岳霊場。

きな勢力をもち、上洛して強訴《ごうそ》も行った。中世には延暦寺東塔《えんりゃくじとうとう》内の無動寺の末寺となったが、江戸時代には延暦寺、寛永寺《かんえいじ》、日光山《にっこうさん》のトップを兼ねる輪王寺宮《りんのうじのみや》の直轄となり、寺領三千石が安堵《あんど》された。

このように大山寺は神仏混淆《こんこう》で栄えたわけだが、ただし大山において最初に信仰されたのは、あくまでも地蔵菩薩であって、神道の神ではなく、またもちろん大智明権現ではないということは注目される。

つまり、大山の信仰の本源は、神、神社ではなく、仏、寺院であり、本来的には仏教の聖地ということになる。

◉本来無関係の神社の奥宮となる

ところが、明治維新となると、山主輪王寺宮が旧幕府側について戊辰《ぼしん》戦争では朝敵とみなされたため、大山寺は新政府側から敵視され、輪王寺宮からは没収されて鳥取藩領となった。また山内の僧侶にも混乱・分裂が生じ、有力僧が山を出て行ってしまった。

さらに鳥取藩の神社取調係の役人小谷融は仏教を蛇蝎《だかつ》視して、明治二年（一八六九）「大山寺を廃寺すべし」という建白書を藩庁に提出。そのなかで小谷は、「大山は往古、大山神といい、大山祇神《おおやまづみのかみ》を祀っていたが、のちに出羽《でわ》の羽黒山《はぐろさん》の衆徒《しゅうと》が来て大山を押領《おうりょう》し、神仏習合《しゅうごう》の道場としてしまった」と訴え、さらに次のような暴論も述べている。

大山寺の北西十二キロばかりのところ（現在の米子市尾高《おだか》）に式内社の大神山《おおがみやま》神社がある。ただし祭神については、江戸時代には国常立尊《くにとこたちのみこと》、大己貴神《おおなむちのかみ》など諸説があり、明確ではなくなっていた。ところが、小谷はこの大神山神社に目をつけ、「大神山神社の祭神は大山祇神で、往古は大山南麓の大神谷に鎮座していたが、中古に山下の現在地に遷《うつ》った」と主張したのだ。要するに、「大山には往古、大山祇神を祀る大神山神社が鎮座していたが、神仏習合の高まりで大山寺の地蔵信仰に乗っ取られ、神社は山下に去ってしまった。大山は本来神祇《じんぎ》信仰の聖地であり、寺院は退転すべし」というわけである。

さらには、別の神社取調係から「大山の神は大山祇神ではなく大国主命《おおくにぬしのみこと》（大己貴神）であり、大智明権現社（大山寺）は大神山神社の奥宮である」と決めつける建白書も出された。

いずれの説も牽強付会《けんきょうふかい》の謬説《びゅうせつ》の類だったが、時流は廃仏毀釈《はいぶつきしゃく》であり、鳥取県はこの建白を受け入れ、明治八年、大山寺の寺号廃止、仏像・仏具の処分を命じ、本社（権現社）を大神山神社の奥宮と定めたのである。

こうして、大山寺は本当は縁もゆかりもない神社と同一視されてしまったうえに、智明大権現の本地仏《ほんじぶつ》である地蔵菩薩像は本社から大日堂《だいにちどう》に移され、寺院は事実上、いったん廃寺となってしまった。ただし諸院は存続し、明治三十六年、寺号の復活が許可され、山内十一カ院をもって大山寺が再生されている。

内山永久寺の昔と今

江戸時代の内山永久寺（上／『大和名所図会』より）と現在の内山永久寺跡（下／写真＝天理市教育委員会所蔵）。内山永久寺は密教の巨刹だったが、明治の神仏分離で廃寺となり跡形もなく消え去った。池がかろうじて往時の面影を残している（100ページ参照）。

第四章

神道化された修験霊場と権現信仰

Introduction

神か仏かをめぐる迷走

日本古来の山岳信仰と密教が結びついた修験道《しゅげんどう》は、まさに神仏習合《しゅうごう》がその本質であり、そこから仏教的要素を取り払ってしまえば、その土台が崩壊してしまう。しかし、それを強引にやろうとしたのが、明治の神仏分離だった。

この章では、まず代表的な修験霊場（金峯山寺《きんぷせんじ》、出羽三山《でわさんざん》）における神仏分離と廃《はい》仏《ぶつ》の対照的な経過をたどり、ついで、いったん解体されてしまった修験霊場（白山《はくさん》、秋葉山《あきはさん》）も取り上げた。さらに、特異な神仏混淆《こんこう》神としての弁天《べんてん》を祀《まつ》る霊場（竹生島《ちくぶじま》、厳島《いつくしま》）や庶民信仰の霊場（大山《おおやま》）の神仏分離、神か仏かをめぐり裁判沙汰にまでなった金毘羅権現《こんぴらごんげん》（金刀比羅宮《ことひらぐう》）を紹介し、最後に沖縄の神仏分離にも触れてみた。

政府の指令は、寺社の外面的な部分には効力を発揮したが、そこを詣でる人々の内面、個人の精神にまでは立ち入ることができなかった。――これらの霊場が今もなお神仏習合色を残して存続していることは、そのことを雄弁に物語っている。

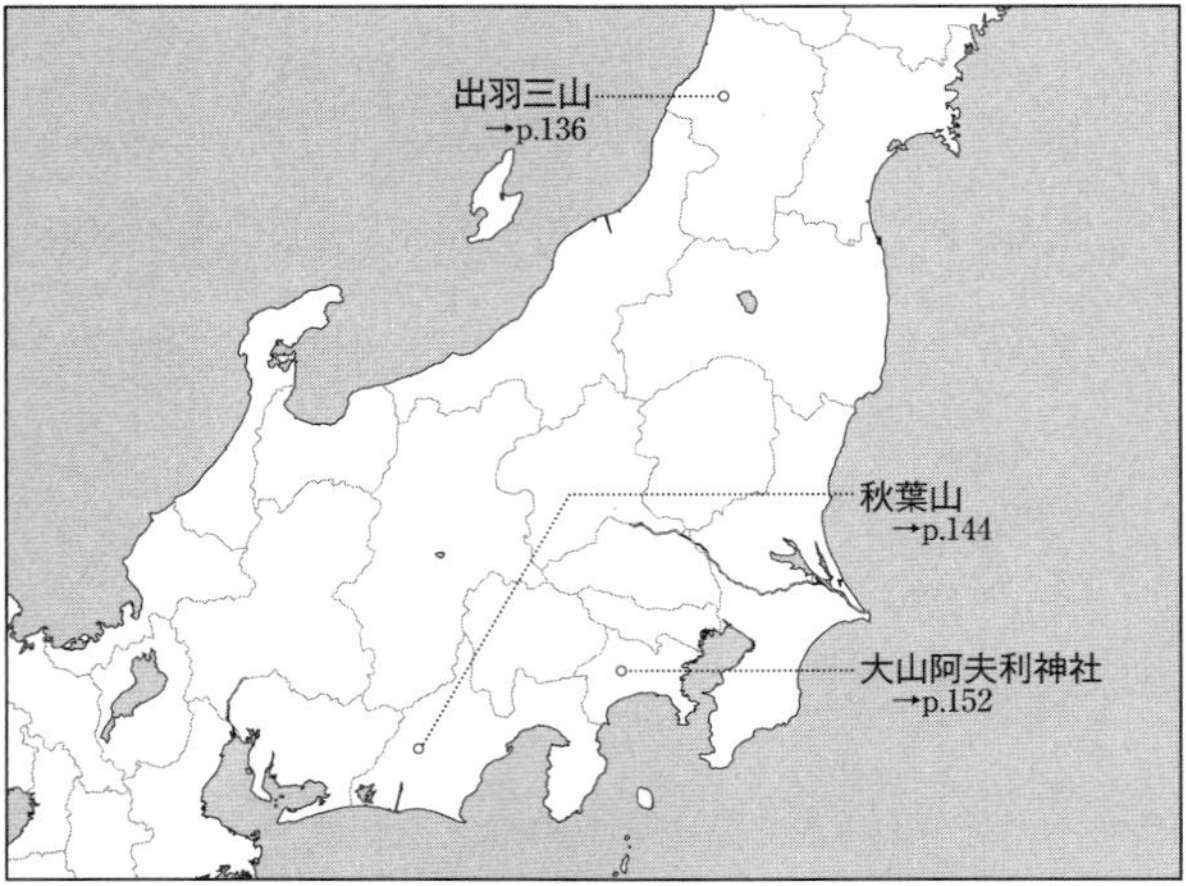
出羽三山
→p.136
秋葉山
→p.144
大山阿夫利神社
→p.152

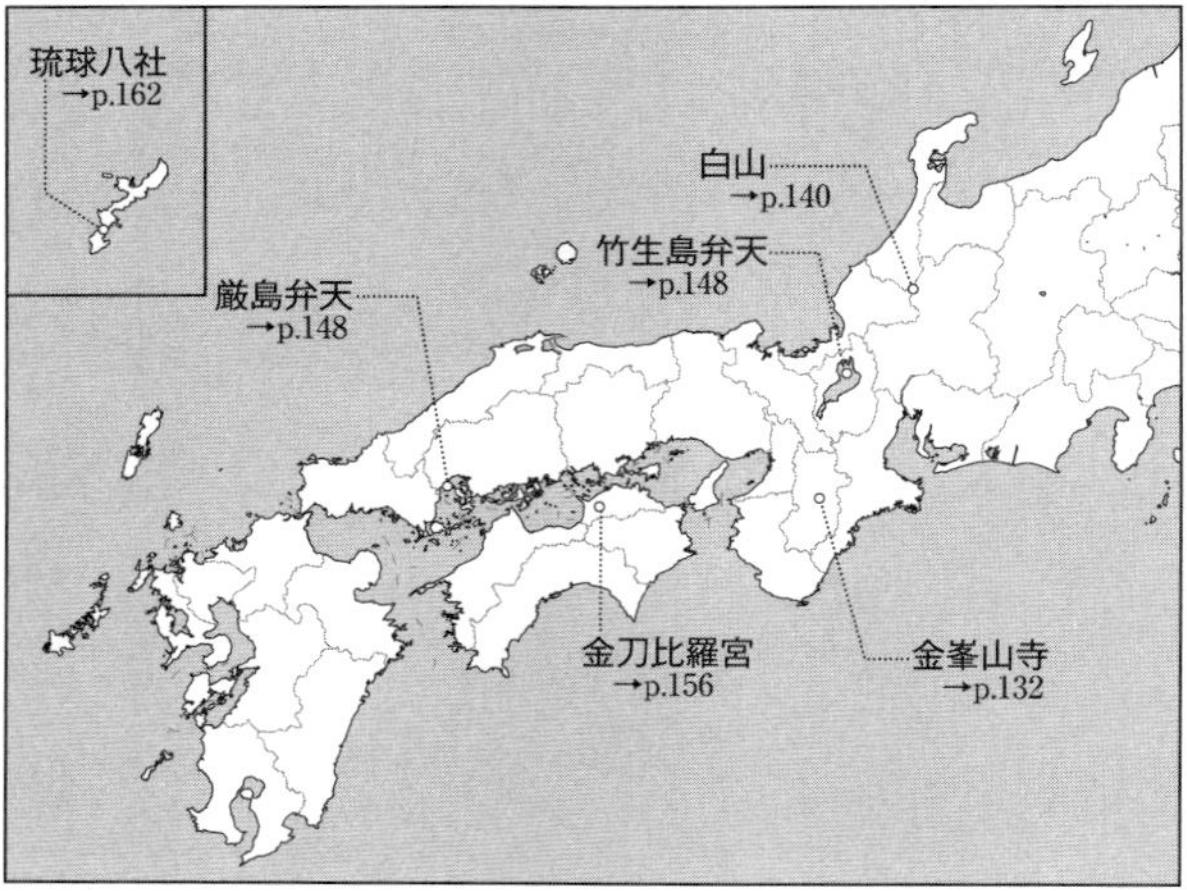
琉球八社
→p.162
白山
→p.140
竹生島弁天
→p.148
厳島弁天
→p.148
金刀比羅宮
→p.156
金峯山寺
→p.132

金峯山寺

神社化されたものの寺に復した修験道のメッカ

奈良県吉野郡吉野町

◉神仏分離で攻撃対象となった修験道

中世以来、日本各地には山伏《やまぶし》、修験者《しゅげんじゃ》と呼ばれる人々がいて、民衆に対して加持《かじ》祈《き》禱《とう》を行っていた。彼らは峻厳な山々を登拝《とはい》し岩屋にこもって行を積んだことで超常的な霊力を身に付けたと信じられていて、庶民の願望に応える祈禱師となっていたのである。

しかし、修験者たちは終始単独で活動していたわけではない。近世には彼らは大きく分けて二つの集団に編成されていた。ひとつは天台宗《てんだいしゅう》の聖護院《しょうごいん》（現・京都市左京区）を本寺とする本山派《ほんざん》、もうひとつは真言宗《しんごんしゅう》の醍醐寺三宝院《だいごじさんぼういん》（現・京都市伏見区）を本寺とする当山派《とうざん》だ。熊野《くまの》や大峯《おおみね》、吉野山《よしのやま》などの霊場で修行を積んだ修験者たちはこうした組織に属すことで身分を保証され、宗教活動に従事できたのだ。

ところで、修験者が行った祈禱や行事はおおむね仏教色が濃く、本山派・当山派の教派としての本拠は寺院だったが、彼らの信仰は総じて神仏習合《しゅうごう》的で、修験者の集う山岳霊場は多く仏教化した神である「権現《ごんげん》」を祀《まつ》り、顕著な神仏混淆《こんこう》がみられた。

つまり、神とも仏ともどちらともいえないというのが修験道と修験者の特色だった。したがって、維新の神仏分離では、神宮寺《じんぐうじ》に並び、粛清《しゅくせい》の対象として槍玉にあげられることになってしまった。

◉蔵王権現像は隠されるも、信徒は参詣を続ける

修験道の一大聖地として発展してきた奈良の吉野山は、現在では、役小角《えんのおづの》が感得したと伝えられる蔵王権現《ざおうごんげん》の巨像三体を安置する金峯山寺《きんぷせんじ》蔵王堂がある一帯（「山下《さんげ》」と呼ばれる）のみをさすことが多いが、古くは、山下からその南方の大峯山寺《おおみねさんじ》のある山上《さんじょう》（金峯山、大峯山、山上ヶ岳《さんじょうがたけ》ともいう）までの広域をさした。

山下の金峯山寺蔵王堂は山下蔵王堂と呼ばれ、これに対して、やはり蔵王権現を祀る大峯山寺は山上蔵王堂と呼ばれていた。そしてかつては「金峯山寺」といえば、これら山内の寺院の総称でもあり、その本堂が山下蔵王堂だった。中世には山下に百数

十カ寺、山上にも三十六坊を数え、さらに吉野山の奥からは熊野へと続く大峯奥駈道《おおみねおくがけみち》があって山伏の修行場となっていた。吉野山はまさに修験の根本道場であった。

そこへ神仏分離令が発せられると、慶応《けいおう》四年（一八六八）六月、蔵王権現の神号への改め、僧侶の復飾《ふくしょく》神勤《しんきん》が早速役所から命じられた。ただし金峯山寺側は「蔵王権現は『金剛蔵明王大権《だいごん》の示現《じげん》』を略したもので、密教の曼荼羅《まんだら》に描かれる仏尊であり、仏像であることが明確であるのにそれを神号に改めることは、かえって朝廷に対して失礼にあたる」と反論し、僧形《そうぎょう》のまま勤王《きんのう》に従事したいと請願した。

これが認められたのかどうかは定かではないが、吉野の神仏分離はしばらくうやむやになったようだ。しかし明治四年（一八七一）からは神仏分離に関する指令が繰り返されるようになった。吉野山には地主神《じぬしがみ》の金精《こんしょう》明神が鎮座していたが、これを金峯神社と改め、一山を神社にせよというのである。明治七年には奈良県社寺掛《しゃじがかり》が実地検分を行い、その結果、金峯神社を吉野山の本社とし、山下蔵王堂を口宮《くちのみや》、山上蔵王堂を奥宮とすると定められた。つまり、蔵王堂の建物を、無理矢理、金峯神社の出張所のようなものにしてしまったのである。

仏像・仏具は撤去されることになったが、山下蔵王堂の三体の蔵王権現像は大きくて動かすことができないので、その前に白幕を張り、さらにその前に神社のご神体として御幣《ごへい》や鏡が立てられて参詣者に礼拝《らいはい》された。山上蔵王堂の仏像・仏具はやや離れた場所に建つ行者堂に移された。

しかし、参詣《さんけい》者は鏡や御幣などにはかまわず、口宮では蔵王権現像に、山上では行者堂に参詣した。行者や信者が信奉していたのは、金峯神社ではなく、あくまで蔵王権現だったからだ。結局、こうした参詣者たちの信仰や修験道復帰の陳情におされるかたちで、明治十二年からは神社に転身していた山内寺院が相次いで仏寺に復帰するようになり、十九年には二つの蔵王堂も仏教に復し、天台宗修験派寺院となった（なお、明治五年に宗派としての修験道は太政官《だじょうかん》布告によって国策として廃止され、原則として本山派の修験者は天台宗に、当山派の修験者は真言宗に帰属させられていた）。

明治政府は、仏教色の濃い修験道を強引に神道化しようとしたのだが、結局は現実の信仰者の抵抗に遭い、仏教化を認めざるを得なくなったのである。

出羽三山

聖地と修験者を強引に神道化

山形県

◉仏教色が濃かった維新前の出羽三山

吉野山《よしのやま》は神仏分離の際、最終的には神社化が失敗した例だが、同じ修験道《しゅげんどう》の霊場でも国家の強権によって神社化が押し通されてしまったケースが出羽三山《でわさんざん》である。

出羽三山とは、山形県中央部にそびえる月山《がっさん》、羽黒山《はぐろさん》、湯殿山《ゆどのさん》の総称で、修験道の東北の根本道場として古くから栄えた。縁起《えんぎ》（十七世紀成立）によれば、開山《かいさん》は崇《す》峻《しゅん》天皇の皇子とされる能除太子《のうじょたいし》で、諸国行脚《あんぎゃ》の末、出羽の海岸に上陸し、三本足の大烏《おおがらす》の導きで羽黒山麓の阿久谷《あくや》に入った。修行の末、聖観音《しょうかんのん》の示現《じげん》にあい、その後、月山と湯殿山を開いたという。信仰の中心になったのは羽黒山で、もともと式内社《しきないしゃ》の出羽《いでは》（伊氏波）神社が所在していたとみられるが、平安時代に入って神仏習合《しゅうごう》が進むと多数の伽藍《がらん》や寺坊が建てられて寂光寺《じゃっこうじ》と総称され、僧侶が山内を統轄した。江戸時代の寛永《かんえい》年間（一六二四〜四四）には、羽黒山別当天宥《べっとうてんゆう》の幕府への働きかけで寛永《かんえい》寺《じ》末寺となり、羽黒山は天台宗《てんだいしゅう》に改められて東北修験の本山となり、三山の興隆がもたらされた。とくに羽黒山は、別当のもとに社僧《しゃそう》十八坊があり、その次に修験三百六十坊があった（［羽前出羽神社調査報告］）。

また神仏習合としての三山は「出羽三所権現《でわさんしょごんげん》」と呼ばれ、江戸時代には、羽黒権現は祭神稲倉魂命《いなくらたまのみこと》・本地《ほんじ》聖観音、月山権現は祭神月読命《つくよみのみこと》・本地阿弥陀如来《あみだにょらい》、湯殿山権現は祭神大山祇命《おおやまづみのみこと》・本地大日如来《だいにちにょらい》として、それぞれ信仰されていた。そして、行事や祈禱《きとう》は仏教的なスタイルで行われていた。

◉神仏分離で表向きには神社になる

出羽三山に神仏分離令が伝えられたのは明治二年（一八六九）五月だった。東北地方を巻き込んだ戊辰《ぼしん》戦争の影響で布達《ふたつ》が遅れたのである。羽黒権現は寛永寺の末寺であったので、本来であれば本寺の命令を待つところだったが、当時の寛永寺は戦禍を受けて荒廃し、とても末寺が頼れる状態ではなかった。

明治三年、酒田の民政局は、羽黒権現（羽黒山）を出羽神社と改め、別当以下の社僧は復飾《ふくしょく》するよう厳命した。別当は俗名を羽黒宝前と改め、出羽神社宮司《ぐうじ》に任じられた。十八坊の社僧もみな復飾しなければならないことになったが、協議のうえ三坊だけを旧来どおりに保存し、十五坊の仏像・仏具はみな三坊に移転安置し、その住持は復飾して神社に出仕することになった。

儀式は一切神式で行われることになり、神饌《しんせん》には魚鳥を供えるよう厳達されたが、それまで魚鳥を不浄としていた旧僧侶の神職たちは権現の霊威を恐れてこれをはばかり、紙や木で鳥や魚の形をつくって供えたという。また、社頭では神職の服装をしていたが、平常は僧衣をまとい、結局、羽黒宝前が宮司の間は、表面は神社だが内実は寺院という状況であった。

◉神道国教主義者が修験者を神道化

しかし、明治五年に宝前が没し、翌年に平田派国学者の西川須賀雄《すがお》が教部省《きょうぶしょう》の命を受けて新宮司に着任すると、神仏分離が強行されはじめた。たとえば西川は、羽黒山から月山に登る山道の両脇に安置されていたおびただしい数の石地蔵を人足に命じてことごとく谷底に突き落とさせた。僧侶から還俗《げんぞく》した神職たちに対しては、酒宴の席で魚鳥を食すのをいやがると、腕力で打ち伏せて無理矢理口のなかにそれを突っ込んだ。寂光寺宝前院をはじめ五十余りの仏堂が廃絶され、山頂にあった能除太子を祀《まつ》る開山堂は異名の蜂子皇子《はちこのおうじ》にちなんで蜂子神社と改められた。

さらに西川が取り組んだのは修験者の神道化である。当時三百人ほどいた修験者は天台宗に帰入していたが、西川は彼らが再度仏法を隆盛させようとしていると疑った。そこで蜂子神社を拠点に赤心報国教会《せきしんほうこくきょうかい》を設立し、みずからその教長となり、そのもとに修験者を統率し、従来の行事を神道式に改めさせるなどして彼らの神道化を図った。赤心報国教会はのちに敬愛教社、三山敬愛教会と改称して存続している。

このように、出羽三山の神仏分離は中央から派遣された人物の強固な信条によって廃仏毀釈《はいぶつきしゃく》、修験道廃止にまで進み、羽黒山だけでなく月山、湯殿山も完全に神社化された。ただし、羽黒山に残された五重塔や、現在は羽黒山修験本宗の行場となっている荒沢寺《こうたくじ》などに、神仏習合時代の名残を認めることができる。なお、出羽三山の神社は昭和戦後からは「出羽三山神社」と総称されるようになっている。

白山
下山させられた山頂の十一面観音像
福井県・石川県・岐阜県

◉観音修験霊場を支えた三つの馬場

石川県と岐阜県にまたがってそびえる白山《はくさん》（標高二七〇二メートル）は、養老《ようろう》元年（七一七）に十一面観音《かんのん》の化身だという白山神（白山妙理大権現《はくさんみょうりだいごんげん》）の示現《じげん》に遭った泰《たい》澄《ちょう》が開山《かいさん》したと伝えられる。平安時代以降には加賀《かが》・越前《えちぜん》・美濃《みの》に登拝路《とはいろ》（禅定道《ぜんじょうどう》）が開かれて修験道の霊山として隆盛し、禅定道ごとに登拝の基地として三つの「馬《ばん》場《ば》」が設けられた。

越前馬場は平泉寺《へいせんじ》（現・福井県勝山市平泉寺町）を拠点とした。白山神の本地《ほんじ》として十一面観音を祀《まつ》った平泉寺は平安時代後期に延暦寺《えんりゃくじ》の末寺となって天台宗《てんだいしゅう》に属した。最盛期を迎えた戦国時代には寺領九万石を有し、四十八社三十六堂六千坊、僧兵《そうへい》八千を擁したといわれている。ところが、天正《てんしょう》二年（一五七四）、一向一揆《いっこういっき》の兵火にかかって全山焼失。江戸時代に復興が試みられるも、寺勢は大きくそがれた。

加賀馬場の拠点は白山本宮《はくさんほんぐう》（現・石川県白山市三宮町）で、本宮を中心とする白山七社が形成され、別当寺として白山寺があり、やはり比叡山《ひえいざん》の配下に組み込まれた。しかし江戸時代には平泉寺と対抗するために真言宗《しんごんしゅう》に転じている。白山寺の住職格である長吏《ちょうり》と呼ばれる職にある僧侶が全体を統轄した。

美濃馬場の拠点は長瀧寺《ちょうりゅうじ》（現・岐阜県郡上市白鳥町）で、こちらも十二世紀末には比叡山末となり、往時は六谷六院満山三百六十坊を有する大寺院であったという。

白山山頂（禅頂）には主峰の御前峰《ごぜんがみね》、大汝峰《おおなんじがみね》、別山《べっさん》の三峰を中心に堂社が建ち、それぞれ白山妙理大権現（本地十一面観音）、大己貴神《おおなむちのかみ》（本地阿弥陀如来《あみだにょらい》）、大山祇神《おおやまづみのかみ》（本地聖観音《しょうかんのん》）が祀られていた。これらの管理をめぐって三馬場が争ったが、十八世紀からは三峰はすべて平泉寺の管理と定められた。

◉地元民の嘆願で破却を免れた山頂の仏像群

このようなまさに神仏習合《しゅうごう》の巨大霊場が、神仏分離令後はどう変貌したか。

まず、加賀馬場をみてみよう。白山本宮の本地堂は明治二年（一八六九）に売却され、石川郡林中村木津《こうづ》（現・白山市木津町）の白山神社の社殿として移築された。白山神の本地仏として安置されていた十一面観音像と賓頭盧《びんずる》像は波着寺《はちゃくじ》（現・金沢市石引）に移された。明治四年には『延喜式神名帳《えんぎしきじんみょうちょう》』にみえる古称が復活し、白山比咩《しらやまひめ》神社を正式な社号とした。長吏は還俗《げんぞく》して神職となった。

山頂の三社は平泉寺の管理を離れて白山比咩神社の本社と定められ、明治七年には、山上の堂社に安置されていた仏像・仏具を取り除き、山麓に「下山」させることになった。七月、県の役人らが信仰心の篤い山麓の村民を率いて登山し、山頂で神職による清祓式《きよはらえ》が執行されたうえで、下山が実施された。当時の「下山仏目録」によれば、その仏像は次のとおりである（『白山比咩神社神仏分離史料』）。

十一面観音像（銅像。御前峰仏体）、阿弥陀如来像（銅像。大汝峰仏体）、勢至菩薩《せいしぼさつ》像（銅像）、地蔵尊《じぞうそん》（銅像）、泰澄像、阿弥陀仏像（銅像）、金仏、木仏、観音銅像（別山の仏体か）、地蔵銅像、十一面観音木像、阿弥陀木像、役行者《えんのぎょうじゃ》陶器像、その他小仏像九体。

これら下山仏は山麓十八カ村の住民の嘆願によって村に下げ渡された。十一面観音像、阿弥陀如来像など、おもだったものは牛首村《うしくびむら》（現・白山市白峰《しらみね》）の林西寺《りんさいじ》に預けられ、いまも安置されている。明治十年には山頂の本社は「奥宮」と改称され、加賀馬場の旧白山本宮が白山比咩神社の本社ということになった。

平泉寺はすでに十六世紀までに弱体化していたが、明治四年、ついに廃寺となって白山神社となり、住職義章は復飾《ふくしょく》して平泉須賀波《ひらいずみすがは》と改名し神職となった。塔頭《たっちゅう》のひとつ顕海寺《けんかいじ》のみ門前百姓の嘆願もあってかろうじて廃寺を免れた。明治三十八年、破壊されずに残っていた旧平泉寺の仏像をもとに近くに小寺が興され「平泉寺」と称している。

長瀧寺はさほど廃仏毀釈《はいぶつきしゃく》は受けず、寺内を、白山神社と、大講堂を本堂とする長瀧寺に分離して最出発することになった。しかし、明治三十二年の火災で、おもだった建物はいったん焼失している。

白山は近世までは神仏習合の修験霊場だったが、本来的には観音信仰の聖地だった。ところが、明治維新では政府側の役人はこれを神道一色にすることに躍起になり、事実上、廃仏が行われ、修験道そのものも衰退の道をたどることになったのである。

秋葉山

可睡斎に奪われた火伏せの神、三尺坊権現

静岡県浜松市天竜区春野町

◉江戸時代からは禅寺・可睡斎に支配される

南アルプス赤石山脈の南端に位置する秋葉山《あきはさん》（標高八八五メートル）に、火防鎮護の利益《りやく》で知られる秋葉信仰の本拠、秋葉山本宮秋葉神社が鎮座する。

しかしここは、明治維新以前は秋葉権現《ごんげん》とその別当寺《べっとうじ》秋葉寺のふたつが渾然一体となった神仏混淆《こんこう》の修験《しゅげん》霊場で、両者あわせて秋葉山と呼ばれていた。

古い正確な史料がないので秋葉山の草創は明確ではないが、江戸中期成立の『秋葉山略縁起《えんぎ》』などによれば、秋葉寺の開創は養老《ようろう》二年（七一八）で、行基《ぎょうき》が自刻の聖観《しょうかん》音《のん》・十一面観音・勝軍地蔵《しょうぐんじぞう》の三像を安置したことにはじまるという。その後、越後《えちご》から修行によって神通を得た修験者三尺坊《しゅげんじゃさんしゃくぼう》が秋葉山に飛来し、諸国をめぐったのち永《えい》仁《にん》二年（一二九四）に同地に還り、守護神三尺坊権現となった。これが秋葉権現のはじまりということになる。一説に、三尺坊権現は観音菩薩《ぼさつ》の応身《おうじん》であるという。火伏《ひぶ》

せの神として信仰されたのは、この三尺坊権現だ。

秋葉寺は当初は真言宗《しんごんしゅう》だったともあるいは法相宗《ほっそうしゅう》だったともいわれるが、十六世紀には、住持《じゅうじ》を務める僧侶とは別に三十六坊があって修験者が住し、彼らが輪番で寺に勤めて護摩《ごま》などを行っていた。

江戸時代に入るとこれがさらにややこしいことになる。秋葉山から南へ二十キロあまりのところ（現・袋井市久能）に可睡斎《かすいさい》という曹洞宗《そうとうしゅう》寺院があった。この寺の住持が人質となっていた幼時の徳川家康を救ったことから、家康の帰依《きえ》を受けて隆盛し、江戸時代初期には東海地方の曹洞宗寺院の統轄を命じられた。さらに可睡斎は秋葉寺の支配にも乗り出し、修験系の勢力との争いがあったものの、寛永《かんえい》二年（一六二五）、幕府の裁定により、秋葉山は可睡斎が支配するとこ

秋葉山三尺坊大権現像。

ろとなり、可睡斎の僧が就く秋葉寺住持が僧侶・修験・禰宜《ねぎ》を含む秋葉山全体を統《す》べることになった。そのため三十六坊は勢力を減じて、幕末には十七坊（院）となった。

ともあれ、可睡斎は本来は秋葉山とまったく無関係であった。

◉廃寺となって本尊を失った秋葉寺

神仏分離令が下ると、新政府側は秋葉山の神社化をもくろんだが、当初、秋葉寺の僧侶たちは当寺が勅願寺《ちょくがんじ》であることを楯に還俗《げんぞく》を拒んだ。ところが、明治二年（一八六九）、修験十七カ院のうちの六カ院が秋葉山を神社とすることを願い出た。修験側が混乱に乗じて一山を自分たちの手中に収めようとしたのである。しかし残りの十一カ院がこれに追従しなかったため、六カ院は山を下り、「脱走法師」と揶揄《やゆ》された。

ところが明治五年になると、教部省《きょうぶしょう》は、慶応《けいおう》三年（一八六七）に秋葉権現に対して神階正一位《しょういちい》が授けられていたことを根拠として、秋葉山を秋葉神社と改称することを定めた。これを受けた浜松県は可睡斎に対して秋葉山の神仏分離を命じ、さらに遠江国《とおとうみのくに》一宮の小国《おくに》神社神官で国学者の小国重友《しげとも》を秋葉神社祠官《しかん》に任じた。

十一月頃には、先に山を去って還俗した旧修験者と小国らが山に上り、僧侶たちに境内《けいだい》の引き渡しを求め、同時に祭典を神式で行おうとした。だが僧侶側はこれを拒み、両者は衝突して山上で激しい争闘が生じた。修験側がこのことを県に訴えると、僧侶たちが捕らえられて入牢となり（旧修験者も捕らえられたが、入牢は免じられている）、翌明治六年二月、県は秋葉山から僧侶を残らず退居させ、秋葉寺を廃寺とすることを命じた。その理由は「無檀無住《むだんむじゅう》に付き」というものであった。そして神仏分離が実施され、仏教関係の建築物は大部分破却され、一部は可睡斎に移転・再建された。仏像・仏具は、本尊聖観音像、三尺坊権現像も含めてほとんどが可睡斎に引き渡されたが、売却されたものも多かったらしい。

神仏分離騒動のおかげで火伏せの神三尺坊を手に入れた可睡斎は、これ以後、秋葉信仰の参詣者を集めておおいににぎわうことになる。一方、秋葉神社は、「火」つながりということなのか、記紀神話に登場する火神迦具土神《かぐつちのかみ》を祭神に据えている。

明治十三年には秋葉寺は再興が許され、本尊像は返却されたが、三尺坊像はそのまま可睡斎にとどめ置かれ、新造された「秋葉総本殿」に祀《まつ》られて、いまに至っている。

竹生島弁天・厳島弁天

神仏混淆の弁天霊場の受難

滋賀県・広島県

◉都久夫須麻神社と宝厳寺に分離した竹生島弁天

インドのバラモン教で水と豊穣の女神として信仰されたサラスヴァティーは、仏教にも天（護法神《ごほうしん》）として採り入れられ、漢訳仏典では弁才天《べんざいてん》（弁天）と記された。知恵・長寿・財産を授ける天女として説かれたので、日本でも古くから盛んに信仰されたが、さらに日本では、福禄と長寿を司るという蛇身人頭の宇賀神《うがじん》への信仰と習合《しゅうごう》して財福神としての性格を強くもつようになり、「弁財天」とも記されるようになった。

本来の水神としての性格にちなんで、日本各地の海辺や湖辺の堂宇《どうう》にしばしば祀《まつ》られた。このうち、三弁天として知られたのが竹生島《ちくぶしま》・江島《えのしま》・厳島《いつくしま》である。

琵琶湖《びわこ》に浮かぶ竹生島は、古来、神の宿る島として信仰されていた。奈良時代に行基《ぎょうき》が寺を開いたという伝承があるが、平安時代中期には天台系《てんだいしゅう》の修験の行場《ぎょうば》となっていたことはほぼ確かである。これにあわせて弁天信仰も持ち込まれたとみられ、やがて弁天像が祀られて僧侶がそれに奉仕し、また堂舎が建ち並ぶようになり、霊場は竹生島弁才（財）天社、竹生島権現《ごんげん》社などと呼ばれるようになった。

そして明治維新となって明治二年（一八六九）某月、大津県庁は、竹生島弁才天社の総代である塔頭《たっちゅう》妙覚院《みょうかくいん》の住職を呼び出し、思いもよらぬことを命じた。

「竹生島には、『延喜式神名帳《えんぎしきじんみょうちょう》』にみえる都久夫須麻《つくぶすま》神社という神社があるはずだが、いまだその届け出がないのははなはだ不都合だ。竹生島の縁起・古記などを写して、早急に提出しなさい」

妙覚院は早速帰島して縁起・古記を写し、再び県庁に出頭したが、古書を引用しながら、「竹生島には弁才天、島守大明神、小島権現の三社があるだけですから、もし都久夫須麻神社という神社があるとするなら、島守大明神か小島権現のいずれかがそれにあたるのでしょう。しかし、もしどちらともつかない場合は、新たに神社を造営してはいかがでしょう」と提案した。

この後、しばらくは神社のことは沙汰止《さたや》みとなったが、明治四年二月になって事態は急展開する。県庁は妙覚院を再び呼び出し、「弁才天を往古琵琶湖に降臨したと伝えられる浅井姫命《あざいひめのみこと》とし、弁才天社を都久夫須麻神社としなさい」と厳命したのだ。

弁才天社の僧侶たちもこれには驚き、「仏像である弁才天女を神としてしまうのは、かえって神仏混淆《こんこう》になり、神仏分離の趣旨に違反する」などと願書を出して反論したが、県庁側は「この命令は朝廷からのものなのだから、反すれば、朝敵同様。日吉社《ひよし》のように仏像・仏具が焼き捨てられるようなことになっても知らんぞ」などとおどしつけ、改称を強要したのである。僧侶たちはこれを呑まざるを得ず、やむなく弁才天社の弁才天像は妙覚院の仮堂に移され、僧侶たちは還俗《げんぞく》し、弁才天像が祀られていた古堂がにわかに都久夫須麻神社となった。さらに、弁才天社の神宮寺《じんぐうじ》的な立場にあった宝厳寺《ほうごんじ》の宝物から「二個の品」が取り出され、これが「神霊《しんれい》」と称されて神社に安置された。

こうして竹生島弁才天社は、都久夫須麻神社と宝厳寺の二つに分離することになったのである。なお、弁才天像はその後、昭和戦前に新造された宝厳寺弁天堂に移されている。

◉祭神を宗像三女神に改めた全国の弁天社

三弁天の残り二つにも触れておくと、相模《さがみ》の江島弁才天は神仏分離後は江島《えのしま》神社と改称し、祭神は海の女神の宗像《むなかた》三神（田心姫神《たごりひめのかみ》・湍津姫神《たぎつひめのかみ》・市杵島姫神《いちきしまひめのかみ》）に改められた。広島の厳島弁才天は厳島神社のことで、元来は市杵島姫神を主祭神としていたが、これが弁才天と同一視されたために弁天霊場になったと思われる。神仏分離後は神社から別当大聖院《だいしょういん》・本願大願寺《だいがんじ》が分離され、本社に祀られていた弁才天像は大願寺に移された。日本各地にあった旧来の弁天社はこれにならって厳島神社と改称し、祭神を市杵島姫神（あるいは宗像三女神）としたところが多い。

弁才天はあくまで仏尊だが、日本では土着化し、なかば「神道の神」とみなされていた。しかし、維新の際に縁起由来を調べなおした社僧《しゃそう》たちは、弁才天が日本の神ではなく仏尊であることを自覚したはずで、彼らの頭には、弁天社を弁才天像を安置したまま正式に寺院とする選択肢もあったはずである。ところが、為政者側は、神道国教化路線のもと、弁才天を外来の異神として排除し、霊場を神社とすることを強《し》いた。ここにも、往々にして神仏分離が廃仏《はいぶつ》に転じた要因を見出すことができる。

大山阿夫利神社

激変した庶民信仰の山岳霊場

神奈川県伊勢原市大山

◉不動明王を本尊として壮大な伽藍を有した大山寺

関東総鎮護の霊場として崇敬されてきた大山阿夫利神社《おおやまあふり》は、丹沢《たんざわ》山系に属する大山《おおやま》（阿夫利山、雨降《あふり》山）の山頂（標高一二五二メートル）に本社（上社）があり、東側中腹に下社がある。上社は巨大な自然石をご神体としているという。創建時期は不明だが、式内社であり、大山の異名が示唆するように、雨乞の山としての信仰が基盤にあったと考えられる。事実、地元では「大山に雲がかかると雨が降る」と言われた。

しかし、この地も古くから神仏習合《しゅうごう》がすすみ、明治維新前、現在の下社の場所には、別当寺《べっとうじ》として壮大な伽藍《がらん》を擁《よう》する大山寺《おおやまでら》が建っていた。大山寺は奈良時代に東大寺僧良弁《ろうべん》が開いたと伝承される。中世には修験者《しゅげんじゃ》が活動する山岳霊場として栄え、また源頼朝《みなもとのよりとも》、足利尊氏《あしかがたかうじ》をはじめとする武将の帰依《きえ》も受けた。江戸時代に入ると、神社も含めた一山は大山寺別当の八大坊が支配することになった。また、近世の庶民信仰の高まりとともに関東・東海地方では大山講《おおやまこう》が組織され、娯楽も兼ねた講社の大山参りが流行している。

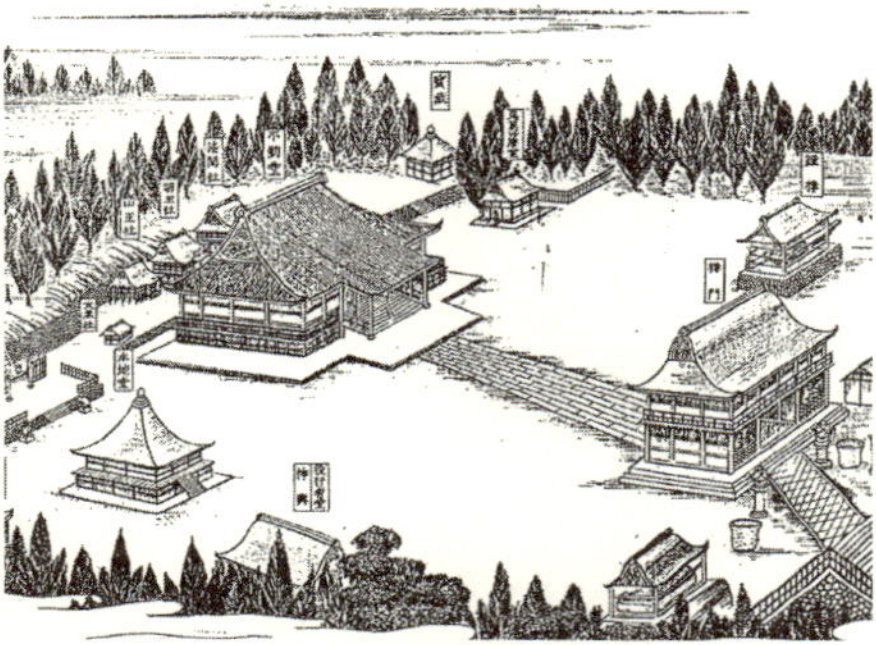

江戸時代の大山寺不動堂（『新編相模国風土記稿』より）。
現在は大山阿夫利神社下社が建っている。

江戸時代後期の山内をみると、山頂には本宮（石尊大権現《せきそんだいごんげん》とも呼ばれた。現在の大山阿夫利神社上社）があり、前記したように中腹（現在の下社の場所）に本尊の不動明王像《ふどうみょうおう》（鉄仏）を安置する大山寺の本堂（不動堂）があった。本堂のあるエリアには、このほかに、本地堂《ほんじどう》（本尊大日如来《だいにちにょらい》）、経堂《きょうどう》、宝蔵《ほうぞう》、楼門《ろうもん》など数十棟の建物があった。また、別当を務める八大坊は上寺と山麓の下寺に分かれ、本堂エリアにある上寺は大日堂、護摩堂《ごまどう》などの堂宇《どうう》をそなえていた。

これ以外にも、社僧《しゃそう》や山伏《やまぶし》、神職の坊舎がいくつもあり、大山講の案内人を務める御師《おし》の家もあり、大山周辺は、社僧・神官・御師・山伏などの雑多な宗教者が蝟集《いしゅう》する、庶民信仰の霊場としてにぎわったのである。

◉復古神道の影響を受けて御師たちは神職になる

全体としては社僧が力をもち、神職や御師はその下に置かれたが、幕末になると、御師のなかに平田《ひらた》派の復古《ふっこ》神道を学ぶ者が現れた。そして『阿夫利神社古伝考』が著され、「阿夫利神社の祭神は大山積神《おおやまづみのかみ》であり、良弁は神社を仏地にしようと幻術を用いた」「不動明王の利益はじつは阿夫利神の威徳である」などと、大山寺に対抗する動きが出はじめる。

そんなところへ、安政《あんせい》二年（一八五五）、大火があり、本堂をはじめとする大山寺の諸堂諸坊が焼失した。本堂はなんとか再建されたが、大山寺は大きなダメージを受けた。

慶応《けいおう》四年（一八六八）三月、神仏混淆《こんこう》禁止令が出されると、復古神道寄りの御師たちはこれを喜び、社僧《しゃそう》の手によって仏像・仏具が売却された。そして大山寺の号が廃されて一山は阿夫利神社となり、本堂は少し下った女坂の途中に移転させられ、その跡地に新たに拝殿が設けられることになった。これが現在の下社である。また、女坂の途中に移された本堂は結局、取り壊され、大山寺末寺の来迎院《らいごういん》の建物が移されて新たな本堂となった。もちろん、本堂以外の堂塔はあらかた破却された。こうして神仏分離が断行された。

社僧は一時、新本堂に引き移ったが、その後四散していった。

ただし、旧八大坊住持実乗《じつじょう》の弟子教順《きょうじゅん》は還俗《げんぞく》して大山勇と改名し、阿夫利神社の祠官《しかん》に就任。御師たちは禰宜《ねぎ》（のちに先導師と称する）となって彼に仕えたが、まだ二十歳前後の大山勇は神事にはうとかったので、旧御師の禰宜たちの反感を買い、結局、明治二年（一八六九）、彼は辞めさせられて神社から追放された。

その代わりに祠官として来任したのが平田門下の国学者権田直助《ごんだなおすけ》で、彼のリーダーシップのもと、阿夫利神社は隆盛を迎えていった。

なお、女坂の途中に移された本堂（不動堂）は当初、明王寺と号したが、大正五年（一九一六）、大山寺の号に復し、再興されている。

金刀比羅宮

ついに「神か、仏か」が裁判で争われた

香川県仲多度郡琴平町

◉最初は寺院の守護神にすぎなかった金毘羅

明治の神仏分離では「そこに祀《まつ》られているのは、結局、神なのか、それとも仏なのか」という根本的な問題が争論になるケースがしばしばみられた。裏を返せば、それまでは神仏の区別が曖昧なまま信仰されていたということになるが、その種の争論がついには裁判にまで発展したというケースも紹介しておこう。

讃岐《さぬき》平野にぽっかりと浮かぶようにそびえる象頭山《ぞうずさん》（琴平山《ことひらやま》）の中腹に鎮座《ちんざ》する金《こ》刀比羅宮《とひらぐう》は、金毘羅《こんぴら》信仰の総本宮として今日もにぎわっているが、明確に神社として祭祀《さいし》されるようになったのは明治以降のことで、江戸時代は「金毘羅大権現《ごんげん》（社）」と呼ばれていた。

金毘羅大権現のはじまりは明確ではない。讃岐国多度《たど》郡の式内社《しきないしゃ》雲気《くもけ》神社をその原形とする説があるが、確たる証拠はない。保元《ほうげん》の乱（保元元年〈一一五六年〉）で敗

れて讃岐に流された崇徳《すとく》上皇が参籠《さんろう》したという伝説もあるが、これを史実と確認できる史料もない。

むしろ金毘羅大権現の歴史は、寺院との結びつきのなかから明らかになってくる。中世、象頭山に松尾寺《まつおじ》という真言宗《しんごんしゅう》寺院が建立され、元亀《げんき》四年（一五七三）、境内に金毘羅堂が建立された。造営したのは松尾寺の別当《べっとう》を務める金光院《こんこういん》の住持宥雅《じゅうじゆうが》である。

筆者の推測になるが、金光院の本尊が釈迦如来《しゃかにょらい》であり、その守護神として金毘羅が勧請《かんじょう》され、その神像を祀る一宇《いちう》が建てられたのではないか。というのも、金毘羅（クンビーラ）はインドのガンジス川に棲む鰐《わに》の神格化だが、仏教では王舎城《おうしゃじょう》の霊鷲山《りょうじゅせん》で提婆達多《だいばだった》の危難から釈迦を救ったということで護法神《ごほうじん》となっているからだ。ちなみに、松尾寺が所在する「象頭山」は山号でもあるが、インドで象頭山（ガヤーシーサ）といえば、釈迦《しゃか》が修行し、また説法をしたとされる場所である。

さて、金光院の金毘羅堂は当初は小堂にすぎなかったが、江戸時代には一躍発展して金毘羅大権現社となり、本寺をしのいで信仰の中心になった。金毘羅が航海守護神、豊漁神として人々の崇信を集め、その霊験が知れわたるようになったからである。ま

金毘羅権現像（やよい文庫蔵）。

さに、庇《ひさし》を貸して母屋をとられる、の類である。

これによって松尾寺金光院が金毘羅大権現の別当寺のような存在になり、金光院住職が代々別当職を務め、脇坊の五カ院を支配して松尾寺をも代表した。また、金光院住職は九条《くじょう》家門流の公家の猶子《ゆうし》となるのが倣《なら》いとなった。

ここで注記しておくと、金毘羅は元来はインドの神でありかつ仏教の尊格であり、これに権現号を付すことは本来ナンセンスである。なぜなら、「金毘羅大権現」という呼称は、この神が、本地《ほんじ》を仏とする垂迹《すいじゃく》神つまり日本の神であることを前提にしていることになるからだ。「阿弥陀《あみだ》権現」がありえないのと同じことである。それでもこの呼び方が広まったのは、日本の金毘羅信仰においては、本来は仏尊である金毘羅が讃岐の地で土着化し、日本在来の神とみなされていたことを示していよう。

◉金毘羅大権現は大物主神に

神仏分離令が出されると、慶応《けいおう》四年（一八六八）六月、金毘羅大権現は琴平《ことひら》神社と改称し、金光院住職は還俗《げんぞく》して琴陵宥常《ことおかひろつね》と改名した。「琴平」というのはコンピラの当て字のようなものであろう。祭神は金毘羅大権現から大物主神《おおものぬしのかみ》に変わった。「象頭山の神は大物主神だったが、形勢霊応が似ていた金毘羅と混同されるようになった」という説はたしかに以前からあったようで、平田篤胤《ひらたあつたね》も言及している（『玉襷《たまだすき》総論追加』）。七月には、神祇官《じんぎかん》によって宮号が許され、金刀比羅宮となった。なお、五月に宥常は新政府から一万両の献納を命じられている。

仏教関係の建築物は、取り払われたものもあったが、阿弥陀堂→若比売社、観音堂→大年社、薬師堂（金堂）→旭社というように、そのままの姿で社殿に転用されたものも多い。また、金光院は社務所の建物に転用されたという。仏像類は一カ所にまとめられ、明治五年（一八七二）、香川県に伺いのうえ、残らず焼却された。

◉建物を返せと寺側が訴えるも請求は棄却

しかし、旧仏堂の多くが温存されたことは、後になって思わぬ騒動を招いた。神仏分離に際して松尾寺では、金光院とその脇坊五カ院も廃院となったが、五カ院のひとつ普門院《ふもんいん》だけは、住職の宥暁《ゆうぎょう》が熱心な寺院維持論者であったため、退散せずにそのまま残った。普門院は脇坊のなかでももともと特殊な存在で、大門の外にあって葬儀を行い、開基以来の位牌があり、三百以上の檀家を有していた。

普門院は明治二年に京都の仁和寺《にんなじ》の末寺となり、五年には寺地を金光院別邸があった場所に移した。そして宥暁は、金光院は消滅したが松尾寺は消滅したわけではなく、普門院が松尾寺であると称した。

その後は、広大な境内をもつ金刀比羅宮の隆盛に比して松尾寺（＝普門院）は衰微する一方だったが、明治四十一年、宥暁の二代後の住職宥堯《ゆうぎょう》は、「金刀比羅宮に残る仏堂・仏具の所有権は存続している松尾寺にあり、明治初年に神社の所有としたのは不法である」として訴訟を起こした。

裁判では「象頭山で祀られてきた金毘羅は、結局、神だったのか、それとも仏だったのか」ということも争点になり、仏教学者の高楠順次郎《たかくすじゅんじろう》が鑑定人として出席するなどして話題を呼んだが（高楠は金毘羅が仏尊であることを立証）、明治四十三年七月、結局、地方裁判所は原告の請求を棄却する判決を出した。理由としては、「維新まで、松尾寺は事実上、金毘羅大権現に従属していたのだから、松尾寺と金毘羅大権現は法律上は別個の法人である」「普門院が明治初年に仁和寺末寺となったことは、松尾寺との関係を断絶する意思を示したことになる」などをあげ、「慶応四年の神仏分離で金光院宥常が復飾した時期をもって松尾寺は廃止になったと認めるのが相当」としたのである（「松尾寺対金刀比羅宮訴訟事件の一班」）。

仮に原告の請求を認めたら、しょせん金毘羅は仏なのだから仏堂・仏具のみならず金刀比羅宮の敷地も寺院である松尾寺にまるごと渡すべきだという声もいずれ高まってくるだろう。

この判決は、金毘羅大権現を強引に神社化した政府の姿勢を追認し、逆戻りさせまいとするようなものであった。

普門院は象頭山の麓にいまも残り、松尾寺の法灯を伝えている。

琉球八社
神社神道化された沖縄の熊野権現

沖縄県

◉中世には本土から神仏習合が伝えられる

沖縄には、王妃・王女が就く最高位の神女聞得《きこえ》大君《おおぎみ》を中心とする独自の琉球《りゅうきゅう》神道が古来あり、また各地には「御嶽《うたき》」と呼ばれる神聖な森や林があって（神社神道の鎮《ちん》守《じゅ》の杜《もり》に相当する）、人々の信仰の対象となっている。

これとは別に、十五世紀頃からは日本本土から神仏習合《しゅうごう》のかたちで神道が臨済《りんざい》僧・真言《しんごん》僧によって伝えられ、神社も建立された。そのなかで、格式がある神社とされたのが沖縄本島に鎮座《ちんざ》する次に掲げる「琉球八社」だが、いずれも寺院と一体となっていた（カッコ内は隣接する寺院）。

波上宮《なみのうえぐう》（護国寺）、沖宮《おきのぐう》（臨海寺）、安里《あさと》八幡宮（神徳寺）、識名宮《しきなぐう》（神応寺《じんおうじ》）、末吉《すえよし》宮《ぐう》（万寿寺、のちに遍照寺《へんしょうじ》）、天久宮《あめくぐう》（聖現寺《せいげんじ》）、普天間宮《ふてんまぐう》（神宮寺）、金武宮《きんぐう》（観音《かんのん》寺《じ》）。

ただし、「琉球八社」の称は明治以降に広まったもので、近世までは金武宮を除く七社が琉球王国の鎮守として重んじられ、王府から役奉《やくほう》の支給を受けていた。

これら八社は、八幡宮のほかはいずれも熊野三所権現《くまのさんしょごんげん》を祀《まつ》り、別当寺《べっとうじ》にあたる寺院はすべて真言宗に属した（ただし、神応寺・万寿寺・聖現寺はかつては臨済宗。なお、普天間宮は宜野湾《ぎのわん》市、金武宮は金武町、それ以外は那覇市に所在）。

琉球の総鎮守、波上宮（那覇市）。海に面した崖の上に建つ。

八社の筆頭で琉球王国の総鎮守とされた波上宮の縁起を紹介してみよう。この宮の創建年代は不明だが、本土から渡球した浄土《じょうど》僧袋中《たいちゅう》が著した『琉球神道記』（一六〇八年頃）には、次のような由緒が記されている。

「昔、漁師が渚を歩いていると、ものを言う不思議な石に遭遇した。高所に置いて祈ると、大漁に恵まれた。国の神々が嫉妬してこれを奪おうとしたので、波上（現在の社地）に安置すると、『我は日本熊野権現なり。この地に社を建て国家守護とすべし』との神託があり、これを王宮に奏上すると、神社が建立された」

十六世紀には熊野権現の本地仏《ほんじぶつ》である阿弥陀《あみだ》・薬師《やくし》・観音《かんのん》の木像がご神体として安置されていた。

◉明治なかばに本土にならって神仏分離が実施

さて、明治五年（一八七二）、琉球王国は廃されて琉球藩設置となり、琉球処分をへて同十二年には沖縄県となる。そして同二十三年、本土にならった近代化の一環として神仏分離が実施され、八社は寺院と切り離されて神社として独立した。

波上宮は官幣小社《かんぺいしょうしゃ》に列格され、熊野権現は廃されて祭神は伊弉冉尊《いざなみのみこと》・速玉男尊《はやたまおのみこと》・事解男尊《ことさかおのみこと》に改められ、ご神体が宮内省から遷《うつ》された。

紀伊半島の熊野を本源とする熊野権現が沖縄に多く祀られたことについては、その流伝経路と黒潮を関連させて考える見方がある。

第五章

廃仏毀釈から国家神道へ

薩摩藩、苗木藩、隠岐諸島

廃仏を強行した藩・地域

◇藩内の寺院・僧侶がともにゼロになった薩摩の廃仏

繰り返しになるが、明治の廃仏毀釈《はいぶつきしゃく》は政府が命じたものではない。それは、神仏分離令に刺激されて、地方官や神職ときに民衆が主体となって行われたものだった。したがって、廃仏毀釈には地域によって濃淡があり、①まったく行われなかったところもあれば、興福寺《こうふくじ》・大山寺《だいせんじ》のように、②特定の寺院を対象に行われた地域、あるいは、③地域全体（藩全体）にわたって徹底的に破仏が実施されたケースもあった。

ここで紹介するのは、③つまり藩全域を対象に廃仏毀釈が強行されたケースだ。

薩摩藩《さつま》では、平田《ひらた》派の国学（復古神道《ふっこしんとう》）が広まった影響か、幕末には廃仏の世論が生じ、「寺院や僧侶は不要。僧侶も国のために尽くさせなくてはいけない」「水戸藩《みと》でも寺院廃合が行われた。我が藩でも行うべき」という声がわき起こった。慶応《けいおう》元年（一八六五）には一部の藩士によって廃寺の具体案がつくられ、「壮年の僧侶がただ坐食していては申し訳が立たない。若い者は兵役に、年配者は教員などにして、寺院の禄高《ろくだか》は軍用にあて、仏具は武器に変え、寺院の財産は貧窮な藩士に分け与えるべきだ」と建言がなされた。藩主島津忠義《しまづただよし》はこの建言を採用し、まず藩内の寺院調査が行われた（なお、薩摩藩では近世初期から浄土真宗《じょうどしんしゅう》は禁制になっていた）。

しかし調査を進めるうちに明治維新となり、廃寺はいったん頓挫《とんざ》した。だが薩摩の奮闘もあって維新が成功すると、再び廃仏の気運が高まる。明治二年（一八六九）三月、忠義の夫人照子が没すると、藩庁は、今後は藩の葬祭は仏式ではなく神式で行うと通達した。六月には、中元・盂蘭盆《うらぼん》が仏教儀礼であるとして藩内では禁止となり、代わりに、祖先祭は仲春《ちゅうしゅん》（陰暦二月）・仲冬《ちゅうとう》（陰暦十一月）に行うことと通達された。十一月には、ついに領内の寺院をすべて廃寺とする廃仏令が藩庁の名の下に発せられた。

福昌寺《ふくしょうじ》をはじめとする歴代藩主の菩提寺《ぼだいじ》はにわかに廃寺となって軒並み神社に変えられた。福昌寺、本立寺《ほんりゅうじ》などの寺院境内にあった藩家の墓地はそれぞれ寺号を称していたが、地名を冠して称するように改名され、墓には神号が追刻された。

僧侶はことごとく還俗《げんぞく》させられ、仏像・経巻・仏具は役人の監視のもとに焼却処分となった。石仏は打ち壊され、首をはねられ、川の水除けなどに用いられた。天井裏に隠されたり、地中に埋蔵されたもののみが、かろうじて難を逃れた。

維新前までは藩内に寺院が千六十六カ寺あり、僧侶は二千九百六十四人いたが、徹底的な廃仏の結果、明治七年（一八七四）には双方ともゼロとなっていた。

明治九年、鹿児島県は信教の自由を認める法令を発し、やっと廃仏旋風は収まった。

◇領民も賛同して行われた苗木藩の廃仏

美濃の苗木《なえぎ》藩（岐阜県中津川市に藩庁を置いた藩）もまた、藩全体を対象に徹底した廃仏毀釈が行われたところとして知られる。

苗木藩は、藩財政がつねに窮乏した、山間にある一万石の小藩だったが、そこで激しい廃仏が行われたということには、平田派国学の影響がある。

維新時、混乱に陥った藩政の実権は、藩主遠山友禄《とおやまともよし》にかわって二十代なかばの藩士青山直道《あおやまなおみち》が握った。彼は平田派国学の心酔者で仏教を侮蔑していたが、それは父景通《かげみち》の影響を受けてのことだろう。景通は平田篤胤《あつたね》の没後の門人で、維新時には新政府に取り立てられ、神祇官権判事《じんぎかんごんはんじ》に就いていた。こうしたこともあって、苗木藩では幕末から平田派国学が流行し、明治三年春には藩主以下、藩の役人がこぞって入門し、藩政府は神道一色となった。

廃仏毀釈で焼かれる仏具や経文。『開化乃入口』より。

　すると廃仏毀釈への動きが本格化し、青山直道の入れ知恵か、七月、知事（旧藩主）が自家の葬祭を仏式から神葬祭に改めることを新政府に願い出た。これがきっかけとなって士族・庶人も神葬祭に改宗されることになった。九月にはついに廃寺令が出され、藩内の十七カ寺はすべて廃寺、僧侶は還俗と決まった。雲林寺《うんりんじ》（臨済宗妙心寺《りんざいしゅうみょうしんじ》派《は》）の剛宗《こうじゅう》のみこれに抵抗し、歴代藩主の位牌をもって下野《しもの》の法界寺《ほうかいじ》に退居した。

　知事自ら領内をまわって廃仏毀釈を督促したた

め、村々の仏堂や路傍の石仏・石塔はことごとく壊され、仏像・仏具・仏壇は焼き払われた。村人たちはそれらを平然と踏みしだいて往来し、僧侶が通りかかろうものなら、「こりゃ、坊主」などといって面罵《めんば》した。

苗木藩での廃仏が猖獗《しょうけつ》をきわめたのは、領民たちが藩の廃寺令を朝廷の意向によるものと受け止め、全国で廃仏が実施されていると勘違いしたためでもあった。

苗木藩の廃仏毀釈については、興味深い後日譚がある。

藩内の蛭川村《ひるかわむら》も明治初期、やはり徹底した廃仏が行われて、仏教は一掃されて村民はみな神道となった。明治四十五年、二宮尊徳の研究家で当時内務省《ないむしょう》嘱託《しょくたく》だった井口丑二《いのくちうしじ》が蛭川村を訪れ、講演を行い、村民に強い感銘を与えた。これが機縁となり、井口は蛭川村に移住し、大正四年（一九一五）、彼を開祖とする「神国教《しんこくきょう》」という新宗教が誕生した。当初は信者となる村民はわずかだったが、徐々に増え、昭和戦後には村民の八割が信者となっていた（安丸良夫『神々の明治維新』）。仏教消滅がもたらした村人たちの信仰への飢渇《きかつ》が、新たな宗教を呼び込んだともいえるだろう。神国教は現在も存続している。

◎尊王攘夷運動と連動した隠岐の廃仏

島根県の隠岐《おき》諸島でも激しい廃仏毀釈が行われた。維新時に尊王攘夷《そんのうじょうい》派の庄屋・神官らからなる正義党《せいぎとう》が起こした、島民自治をめざすコミューン闘争「隠岐騒動」に連動して生じたもので、明治元年から二年にかけて、正義党は松江《まつえ》藩郡代《ぐんだい》を追放して廃仏を実行。正義党の本拠である島後《どうご》にあった四十六カ寺はすべて廃寺となり、島内の僧侶七十余人は、あらかた還俗して帰農し、仏像・仏具は破却された。四年正月には、島民が仏教を改めて神道に帰すると誓う血判状を役所に提出させられる事態にまでおよんでいる。

しかし、さすがにこれは行き過ぎということになり、廃仏毀釈の実状を調査した浜田県は十一月、正義党の幹部に対して徒刑一年、自宅謹慎一年などの処罰を下している。

薩摩、苗木、隠岐は、いずれも他地域との隔絶性が強く、かつ平田派国学の影響が強くみられる地方である。こうしたところでは、役人や豪農が主導することで、廃仏毀釈が一気に推進され、仏教排撃が実行されたのである。

富山藩、松本藩、佐渡島

廃仏が失敗に終わった藩・地域

◇領内寺院の一派一寺への合寺を命じた富山藩

地方官の意向で廃仏毀釈《はいぶつきしゃく》が徹底的に断行されたにもかかわらず、抵抗に遭って中途半端に終わり、結局、仏教・寺院の復興がなった地域もある。

富山藩は加賀《かが》藩の分藩で、加賀藩主前田《まえだ》家の子孫が藩主を務めた。明治初年、藩主利同《としあつ》はまだ十代で、政務の実際は大参事《だいさんじ》林《はやし》太仲《たちゅう》が取り仕切っていた。その太仲の主導で、明治三年（一八七〇）閏《うるう》十月、突如、寺院整理の指令が藩庁から出された。

「このたび朝廷から天下の政治について、厳しい御布告が出された。追々時勢も転変しているので、郡市の寺院はすべて一派一寺に改め、迅速に合寺すること。もっとも、寺号はこれまで通り称してかまわない。これに違反すれば、規定の厳罰に処する」

藩内の寺院を各宗一寺、計八カ寺に合併する、つまり各宗を代表する一寺を残して他はすべて廃寺にするというのである。当時の藩内の寺院総数については、『明治維新神仏分離史料』には千六百三十五余カ寺とする史料と三百十三カ寺とする史料があって錯綜しているが、いずれにしても大量の寺院が廃棄されるわけで、しかもこの命令が、まるで朝廷の意向であるかのようなレトリックを施して発せられたところが味噌である。この指令が出されるや、各寺院が各宗の本山や檀越《だんおつ》と連絡をとることを警戒して、各地に藩兵が伏せられ、もし抵抗する者がいれば打ち殺すということになった。こうして強圧的に合寺が開始され、梵鐘《ぼんしょう》や仏像・仏具は没収されて富山城二の丸に堆《うずたか》く積み上げられ、銃砲の材料として鋳《い》つぶされることになった（『富山藩合寺之顚末』『富山各寺院合併事件取調書』）。

◇真宗の抵抗で合寺政策は撤廃

富山の廃仏でとくに打撃を受けたのは、浄土真宗《じょうどしんしゅう》だった。北陸はもともと真宗王国で富山藩の寺院の大半を真宗が占めて他の仏教諸宗を圧倒していた。それが、東西本願寺《ほんがんじ》などの宗派の別もなく、一気にひとつの寺に合併するというのである。しかも、真宗では他宗と違って妻帯が公認され、僧侶は寺に家族と一緒に生活しているのがふつうである。そこへ合寺となると、僧侶の妻子の住む場所がなくなってしまう。

そこで動いたのが京都の本山東本願寺で、富山藩の末寺の窮状を知ると、法主《ほっす》の名で合寺撤回を政府に嘆願。高野山金剛峯寺《こうやさんこんごうぶじ》（真言宗《しんごんしゅう》）、総持寺《そうじじ》（曹洞宗《そうとうしゅう》）など、他宗の本山もこの動きに続いた。こうした働きかけが奏効したのか、明治四年五月、政府は富山藩に「穏当に処置するように」と暗に政策転換を促す文書を送った。それでも藩は「すでに合併後半年がたち、引き払った寺院跡は開墾されて田畑に変わっているところも多く、今さら元に戻すと費用が莫大」などと開き直ったが、真宗僧侶に対しては「家族もあるので、他宗とは別に考慮する余地がある」と譲歩の姿勢をみせた。

ところが、二カ月後に廃藩置県《はいはんちけん》となるや合寺は下火となり、合寺を主導した林は東京に移住。十月には富山県は檀家《だんか》七十戸以上の寺院にかぎり再興を許し、また九年には檀家七十戸以下の寺院も再興を許され、徐々に復興していった。真宗の粘り強い抵抗が効いて富山の合寺政策は失敗に終わったが、しかし堂塔伽藍《がらん》は旧観を失い、破却された仏像・仏具そのものがよみがえることはなかった。

◇本山寺院の圧力で廃仏が回避された松本、佐渡

信州の松本藩では、水戸《みと》学や平田《ひらた》派国学を奉じる藩主戸田光則《とだみつひさ》（明治二年からは知事）や藩臣の意向により、明治三年八月から四年にかけて、神葬祭への改宗と廃寺が強行された。短期間で大部分の寺院が廃寺となり、僧侶は還俗《げんぞく》・帰農していった。松本市内には当時、二十四カ寺あったが、抵抗した真宗の四カ寺を除いて、すべて廃寺となった。

しかし、この場合でも、あくる四年春から真宗をはじめとする諸宗の本山が藩政に干渉して廃寺政策の撤回を申し入れるという仏教界の反撃がおこり、七月の廃藩置県もあいまって戸田の廃仏政策は頓挫《とんざ》し、数年のうちに、多くの廃寺が復興され、神葬祭は仏葬祭へと再び改められていった。

新潟の佐渡《さど》でも、明治元年十一月から翌年にかけて、中央から派遣された地方官により、五百カ寺を八十カ寺にするという大々的な寺院の統廃合が命じられたが、東西本願寺をはじめとする諸寺の本山の政府への働きかけにより、その地方官は職を免じられ、廃仏の動きは緩和されている。

三河大浜騒動

一揆・暴動に発展した真宗門徒の反廃仏運動

◎新政府の役人をキリスト教徒とみなした門徒

地方官が一方的に命じた廃仏毀釈《はいぶつきしゃく》が、寺院・僧侶のみならず広く一般民衆の反発をも引き起こし、暴動、一揆にまで発展したケースもあった。

元来、東本願寺《ひがしほんがんじ》系の浄土真宗《じょうどしんしゅう》門徒が多い地域である三河《みかわ》国碧海《へきかい》郡大浜《おおはま》（現・愛知県碧南《へきなん》市）は、維新時、上総《かずさ》国菊間《きくま》（千葉県市原市）に藩庁を置く菊間藩の飛び地領になっていたが、その菊間藩大浜出張所に、明治三年（一八七〇）九月、少参事《しょうさんじ》服部純が派遣された。服部は赴任するやつぎつぎに改革を打ち出した。宗教面では、教諭《きょうゆ》使《し》を各村に巡回させて村民に敬神愛国を説かせ、「神前では念仏ではなく祝詞《のりと》を読みなさい」などと教えさせた。一説に、祝詞は「天拝日拝の祈禱文《きとうぶん》」であると教えさせたといい、そのために、人々の間では「これは耶蘇《やそ》宗（キリスト教）の教えだ」「今度の大浜の長官（服部）も教諭使もみな耶蘇だ」などと噂が立ったという。

そんな浮説が立っていたところ、明治四年二月十五日、服部は領内寺院の住職たちを出張所にすべて集め、「檀家もなく縁もない寺は合併したいと思うが、どうか」「合併された寺の住職は本寺に引き取らせるべきだと思うが、どうか」「一村に一カ寺とするのはどうか」などと、寺院合併について細々と下問した。しかし、僧侶たちもすぐにはこれに答えられず、本山へ問い合わせてからと日延べを願い出たが、服部は席を蹴って退いたあげく、三月二十日をもって寺院廃合を行うと専断した。

◎寺院廃合に反発して門徒が暴徒化

これに反発した真宗僧侶たちは護法会を組織し、三月八日に集会を開き、菊間藩に対して「神前での呪文や天拝日拝などは私どもの宗派では禁じられていますので、お断りします」「寺院廃合は見合わせて下さるようお願いします」「宗門人別帳《しゅうもんにんべつちょう》の取り扱いは今までどおり寺にお任せいただきたいと思います」との嘆願を行うことに決した。そして、嘆願書をもった僧侶約三十人が、役人五、六人が出張していた鷲塚《わしづか》村の庄屋宅に押し掛けた。

竹槍で武装して役人たちを襲おうとする三河大浜の真宗門徒たち。『明治辛未殉教絵史』より。

ところが、役人側は面会するも、「ならぬ、できぬ」と譲らない。対する僧侶側もあきらめず、九日夜に入っても両者の激論が続いた。そうこうするうちに屋敷の周りには大勢の暴徒が蝟集《いしゅう》していた（一説に三千人におよんだという）。ついに談判していた僧侶のひとりが「尽力いたしましたが、お聞き入れがなければ、もはやこれまで」と言い放って席を立ち、他の僧侶もともに去ると、これを合図に集まっていた暴徒が屋内に乱入してきた。役人たちは刀を振り回して逃げ出したが、そのうちのひとり、藤岡薫は逃げ遅れ、竹槍で突き倒された。すると、「耶蘇が倒れた！」と叫びながら多数の暴徒が群がり、つぎつぎに竹槍で突き刺して藤岡を惨殺してしまった。

興奮した暴徒は、勢いに乗って大浜陣屋も襲おうとしたが、陣屋のほうでも大砲を用意し、隣藩にも応援を頼んで兵をそろえて実弾で応戦。すると、所詮烏合《うごう》の衆だった暴徒は散り散りとなり、あるいは捕らえられ、暴動はあっけなく鎮圧された。

その後、暴動の関係者は続々と拘束されて取り調べを受けた、その人数は数百人におよんだという。三月二十四日には、菊間も含めて三河十二藩が大浜に集まって善後策が協議され、菊間の少参事服部は、東本願寺役僧に次のような文書を手渡した。

「朝日を拝むことはもとより命じていない。／神前の呪文は祝詞であり、宗旨に背くならば唱えなくてもよい。／寺院廃合は取り止める。／菊間藩を耶蘇と言い触らしたのは誤りであったと末寺・門徒によく説諭すること」

つまり、当初の廃仏政策の撤回を示したもので、ほぼ全面的に真宗僧侶・門徒の意向を受け入れており、東本願寺の勝利といっても過言ではない。役人たちは、一向一揆《いっこういっき》の悪夢におびえたのだろうか。

とはいえ、暮れの十二月には暴動犯に判決が申し渡され、首謀格の蓮泉寺《れんせんじ》僧侶石川了円（台嶺《たいれい》）と藤岡への一番槍を付けた農民榊原喜与七は死刑、ほかに僧侶三十人、農民八人に懲役などの刑が下された。

浦上四番崩れ
最後のキリシタン弾圧

◎禁教となってもひそかに信仰を守った隠れキリシタン

明治の神仏分離は、神仏習合《しゅうごう》を旧弊《きゅうへい》として廃することが主たる目的だったが、その一方で新政府は、新時代を迎えて公然と姿をあらわそうとする宗教、すなわち幕政下では禁教となっていたキリスト教に対して、改めて向き合うことにも迫られた。

元治《げんじ》二年（一八六五）一月、長崎の大浦《おおうら》にカトリック教会堂が竣工した。これが二〇一八年に世界遺産に登録された大浦天主堂である。ただし日本人への布教のためのものではない。安政《あんせい》五年（一八五八）に締結された、居領地内にフランス人のための礼拝堂建立を認める日仏修好通商条約にもとづいて、フランス人宣教師プチジャンが建てたものであり、当時はまだキリシタンは日本人にはかたく御法度《ごはっと》となっていた。

ところが翌月、大浦天主堂を見物にきた浦上《うらかみ》村の婦人がプチジャン神父に「サンタ・マリアの御像はどこ?」と尋ねて信仰告白をしたことをきっかけに、神父は浦上にキリシタンが潜伏していたことを知る。徳川家康の大禁教令から二百五十年がたっていたが、弾圧と監視の目をかいくぐって、浦上の村民七百戸は、表向きは仏教徒を装いつつも、ひそかにキリシタンの信仰を守り続けていたのである。

◎三千人の浦上キリシタンが総流罪に

その後の浦上キリシタンは内密にプチジャン神父の指導を受けながら暮らしていたが、やがて信仰が明るみに出る。きっかけは葬式で、慶応《けいおう》三年（一八六七）三月、彼らは村民の葬儀に檀那寺《だんなでら》の僧侶を立ち会わさせずに自葬し、ほどなく村民の大部分が檀那寺との関係断絶を宣言した。これは、たんにキリシタン表明であるにとどまらず、徳川幕府の民衆支配システムの一環である寺請《てらうけ》（寺檀《じだん》）制度（この制度そのものがキリシタン禁圧のために設けられたものだった）を否定するものでもあった。

これに慌てたのは長崎奉行所《ぶぎょうしょ》で、村を探索のうえ、六月、キリシタン六十八人を捕縛して投獄した（最終的な入牢者は八十三人）。この迫害を、浦上では江戸時代を通じて四回目にあたることから「浦上四番崩《くず》れ」という（「崩れ」とは検挙事件の意）。

囚人たちは拷問にかけられたが、一人を除いて転宗を誓ったため、また信教の自由を重んじる外国公使や領事らの抗議もあり、全員がいったん解放されて村に帰った。しかし村民の信仰心はかたく、まもなくみな「改心もどし」をしてキリシタンに戻った。

そうこうするうちに幕府は瓦解。キリシタンの扱いは新政府の手に委ねられることになったが、慶応四年三月十五日、太政官《だじょうかん》は「切支丹《きりしたん》邪宗門《じゃしゅうもん》之儀ハ堅ク御制禁タリ」と記す高札を掲示させ、キリシタンはあいかわらず禁教のままとなった。為政者側にとって、キリシタンは、「キリスト教」ではなく、かつての島原《しまばら》の乱などによって固定観念化された国を惑わす奇怪な邪教・妖教でしかなかったのである。

しかし浦上キリシタンはその後も転宗を拒否したため、四月、三条実美《さんじょうさねとみ》、木戸孝《きどたか》允《よし》ら新政府首脳は、大坂東本願寺《ひがしほんがんじ》の明治天皇行在所《あんざいしょ》で開かれた御前会議をへて、浦上全信徒を諸藩に配流《はいる》するという決定を下した。配流は六月から開始され、明治二年（一八六九）十二月までに南は鹿児島、北は北陸、郡山にいたる二十の各藩に村人が移送され、総数は三千三百八十名であった（片岡弥吉『浦上四番崩れ』）。キリシタンという理由だけで、老若男女を問わず総流罪となったのだ。

浦上キリシタンたちはこの配流を「旅」と呼んだが、旅先で彼らを待ち受けていたのは収容所であり、重労働であり、飢えと寒さであった。そして神官たちから洗脳教育を施され、あるいは拷問を受けて棄教を強要された。

外国政府の勧告や抗議もあって、新政府がキリシタン弾圧政策の非を認め、キリシタン禁制の高札を撤去したのは、明治六年二月二十四日である。ただし、キリスト教公認を明言したわけではなく、実質的にはキリスト教布教を黙認するという程度にすぎなかった。

とはいえ、これによりキリシタン弾圧は法的根拠を失い、各地に流されていた浦上キリシタンは釈放されて帰村できることになった。この間におよそ六百人が殉教し、信仰を守って帰郷できたのは千九百人ほど。このほか約千人がいったん転宗して先に帰村していたが、帰郷後その大部分がもとの信仰に戻っている。

明治十三年、かつて踏絵《ふみえ》の場となっていた浦上の旧庄屋屋敷が信徒たちによって買い取られ、仮聖堂に改築された。これが浦上天主堂のルーツである。

「村の鎮守」の神仏分離

「神社改め」とすり替えられたご神体

◇不動明王がご神体だった鎮守社

第二章から第四章まではおもに著名な寺社を中心に神仏分離と廃仏毀釈《はいぶつきしゃく》の実態を解説したが、神仏分離令の対象となったのは、もちろん名刹《めいさつ》大社ばかりではない。村落の鎮守《ちんじゅ》・氏神《うじがみ》として庶民の素朴な信仰を集めてきた全国各地の小社・神祠《しんし》の類も明治維新の嵐にさらされて、著しい変容を余儀なくされた。

わかりやすい例をあげてみよう。現在の新潟県北部にあたる地域では、明治三年（一八七〇）三月から、神仏分離令を受けて「神社改め」が実施された。新潟県の役人が数カ月かけて村々を巡回して神社を検分し、もしそこが神仏混淆状態にあれば順次改めさせていったのである。［新潟県蒲原五郡 幷《ならびに》 岩船郡神社取調記録］はその神社改めを担当した役人（社祠方《しゃしがた》）・小池巌藻《いつも》が残した貴重な記録だが、地域の鎮守レベルでの神仏分離の生々しい実態が記されていて非常に興味深い。

滝原村《たきはら》（現・岩船郡関川村滝原）の鎮守・多伎《たき》神社は式内社《しきないしゃ》の論社《ろんしゃ》であり、社地の裏には村名や社名の由緒と察せられる滝があったが、不動明王をご神体としていた。龍を化身とする不動明王は滝の守護尊としても信仰されるので、これにならって不動明王がご神体となっていたのだろう。もっとも、地元の人々は神職も含めて不動明王をあくまで「神」として崇敬し、その像が安置されていた建物もたしかに社造《やしろ》りになっていた。そこで小池は不動像を取り除かせて新たに鏡をご神体とさせ、幣束《へいそく》や鈴などを備えるよう命じた。

◇民俗信仰的な小祠は廃されていった

野潟《のがた》村（現・村上市野潟）の鎮守・十二《じゅうに》社では、祭神は「天神七代《てんじんしちだい》・地神五代《ちじんごだい》」ということになっていた。「天神七代」とは記紀神話で天地開闢《かいびゃく》時にあらわれた七代の天神、「地神五代」は神武《じんむ》天皇以前に日本を治めた五柱の神をさす。だが、小池が不審に思って「元々の祭神はなんだったのか」と地元民に尋ねると、「以前はただ十二社権現《ごんげん》として祀っていたのですが、（神仏分離令後の）役所からの指示で祭神を天神七代・地神五代としました」とのことだった。そこで小池は、十二社権現は薬師如来の眷属《けんぞく》である十二神将《じゅうにじんしょう》を祀っていたものであろうと推測し、祭神を医薬の神である大《おお》己貴神《なむちのかみ》と少彦名神《すくなひこなのかみ》に変え、社名を二所社と改めるように命じた。

また乙《きのと》村（現・胎内市乙）の鎮守・八社権現（八所神社）の末社には日蔭《ひかげ》社というのがあったが、祭神が不詳だったので、天鈿女命《あめのうずめのみこと》が天岩屋戸《あまのいわやと》の前で「天《あめ》の日影《ひかげ》の蔓《かずら》」をたすきにして踊ったという記紀神話にちなんで、天鈿女命を祭神とするのがよかろうと伝えた。

真宗《しんしゅう》門徒ばかりが住む本明《ほんみょう》村（現・阿賀野市本明か）は、神とも仏ともつかない石像を祀る「石仏社」を鎮守代わりとしていた。村人はその石像を大日《だいにち》如来として信奉していたようだったが、小池はこれを他所に遷《うつ》し、国土経営の神でもある大己貴神と少彦名神の二神を新たに祀り、こちらも二所社と改称するように命じた。

以上は、前掲史料からのささやかな抜粋にすぎないが、こうした「神社改め」と似たようなことは、全国各地で行われたらしい。

つまり、明治維新までは村落レベルの鎮守・氏神には仏像をご神体として地主神《じぬしがみ》や山の神などを祀る素朴な民俗信仰的なものが多かったが、神仏分離令を踏まえてご神体は鏡に切り替えられ、祭神は大己貴神（大国主神《おおくにぬしのかみ》）や少彦名神、大山祇神《おおやまづみのかみ》など、記紀神話によって権威づけられる神々に改められていった。

また、近隣の寺院（別当寺《べっとうじ》）が神社を管理していたケースをみると、神仏分離令をへて別当寺と神社が完全に分離し、円満に神仏分離が遂行されることもあったものの、別当寺の僧侶が還俗《げんぞく》して神職に転じ、別当寺から仏像・仏具が撤去・廃棄されて神職の住宅に転じ、結局別当寺が廃寺となるケースもしばしばみられた。

さらに、村落にあった無住の寺院や仏堂を神仏分離を機に処分してしまった地域も多く、神社系であっても民俗信仰的な小規模な神祠は迷信とみなされ、廃されたり併合されたりして姿を消していった。

このような動きは、一面では、民俗信仰を抑圧し全国の神社を国家的なイデオロギーのもとに包摂しようとするものであり、「国家神道」の形成を準備するものであった。現代において日本人に身近な地域の「鎮守」「氏神」としての神社も、往々にして明治の神仏分離で大きくリセットされたものなのである。

白峯神宮の創祀

明治改元前夜の歴史秘話

◇讃岐から崇徳天皇の神霊を京都に遷す

慶応《けいおう》四年（一八六八）八月二十五日、讃岐《さぬき》国坂出《さかいで》村（香川県坂出市）の港に菊の紋章の旗をたてた船が入った。乗っていたのは明治天皇の勅使《ちょくし》、大納言《だいなごん》中院通富《なかのいんみちとみ》だ。明治天皇が京都で即位礼を行うのはこのわずか二日後。だが、この時期、東日本ではいまだ戊辰《ぼしん》戦争が継続しており、会津若松《あいづわかまつ》の鶴ヶ城《つるがじょう》では会津藩士が籠城して新政府軍と死闘を続けていた。

坂出に上陸した勅使一行は、翌日、雨が降るなか、崇徳《すとく》天皇の御陵《ごりょう》である白峯《しらみね》陵をめざした。この日は、保元《ほうげん》の乱（保元元年〈一一五六〉）で失脚して讃岐に流刑となり、九年の流謫《るたく》の辛苦の末に崩じてこの地に葬られた崇徳天皇の、ちょうど忌日《きにち》にあたっていた。山陵に着くと、通富は拝礼のうえ、うやうやしく明治天皇の宣命《せんみょう》を霊前に奉告した。「天皇《すめらみこと》が詔《みことのり》とかけまくも……」とはじまるその宣命は、神霊に対して京都への還御《かんぎょ》と東北の「賊徒」の鎮定を乞うものだった。陪列《ばいれつ》した官人はみな拝伏してこれを聞いていた。

江戸時代の白峯陵（左）と白峯寺。『金毘羅参詣名所図会』より。

あくる二十七日、一行は崇徳天皇の御霊代《みたましろ》として御真影《ごしんえい》（崇徳院像）と遺愛の笙《しょう》（雅楽《ががく》などで使用する管楽器）を神輿《みこし》に奉じて下山。二十八日には坂出港を発ち、九月五日に京都伏見に到着。翌日、神輿は飛鳥井《あすかい》家邸の跡地（現・京都市上京区飛鳥井町）に新たに造営された神廟《しんびょう》に迎えられ、そこに崇徳天皇の神霊が祀《まつ》られた。これが、崇徳天皇を祭神とする白峯神宮（白峯宮）の創祀《そうし》である（「白峯寺廃寺并復興始末」）。

二日後の九月八日、改元が行われて明治元年となった。

権力闘争に敗れて悲運のうちに世を去った崇徳

天皇は、死後怨霊《おんりょう》になったと信じられ、歴代の天皇や朝廷がその祟りを恐れてきた。白峯神宮の造営は、悲運の天皇霊のために孝明《こうめい》天皇が企図しそれを明治天皇が引き継いで実現されたものだが、怨霊の鎮撫《ちんぶ》が本音だったことはいうまでもない。崇徳帝の死からすでに七百年以上がたっていたが、明治新政府は、現下の内戦状態を上皇（崇徳）と天皇（後白河）が対立した保元の乱に重ね合わせ、怨霊が敵方の旧幕府勢力につくことをおそれたのだろうか。白峯神宮の創祀は、明治維新の裏面史であろう。

明治六年には、藤原仲麻呂《ふじわらのなかまろ》の乱（天平宝字《てんぴょうほうじ》八年〈七六四〉）で失脚して皇位を廃され、淡路に幽閉されて没した淳仁《じゅんにん》天皇の神霊も、白峯神宮に合祀《ごうし》されている。

◇崇徳天皇陵を護持した密教寺のその後

讃岐の白峯陵の南側には、白峯寺《しろみねじ》という寺院があった。空海《くうかい》・円珍《えんちん》の開創と伝承されているが、とにかく山陵が築かれる以前からこの地にあった密教寺である。崇徳天皇が没してこの地に墓所が営まれると、墓所に隣接する境内地に供養のための法華三《ほっけざん》昧堂《まいどう》が設けられた。この堂はのちに頓証寺《とんしょうじ》と呼ばれるようになり、崇徳帝廟所《びょうしょ》として扱われた。白峯寺は頓証寺と一体となって中世にはおおいに興隆した。

頓証寺には崇徳帝ゆかりの遺物什宝《じゅうほう》が数多く保存されていた。明治天皇の勅使によって京都に奉遷《ほうせん》された御真影と笙も頓証寺に安置されていたものらしい。御真影が持ち出されたあとは、崇徳宸筆《しんぴつ》の六字名号《ろくじみょうごう》が廟所の霊体となった。頓証寺の霊宝類をことごとく京都に持ち帰るという話もあったらしいが、白峯寺住職剛盛が七百年来、山陵護持に奉仕してきた由緒を述べて懇願した結果、持ち出されるのは御真影と笙だけとなり、それ以外は寺に残されることになったという。

とはいえ、神仏分離令や明治四年の社寺領上知令《あげちれい》の影響で白峯寺は寺領を没収されて急速に衰退。明治六年、剛盛の後を継いだ恵日が復飾《ふくしょく》して白峯陵陵掌《りょうしょう》に任じられると、白峯寺は無檀無住《むだんむじゅう》に陥ってしまった。あげく、明治十年、頓証寺は金刀比羅宮《ことひらぐう》に引き渡され、建物は摂社白峰《せっしゃしろみね》神社ということにさせられてしまった。

しかし、地元有志の働きかけにより、明治三十一年には頓証寺の堂宇《どうう》は白峯寺に返還され、頓証寺は息を吹き返している。一方、崇徳天皇を祀る白峰神社は、現在は金刀比羅宮の本宮から奥社へ向かう参道の途中に鎮座している。

伊勢神宮の神仏分離

再形成された皇祖神アマテラスの聖地

◎神道最高の聖地でも盛んだった神仏習合

古来、皇祖《こうそ》神アマテラスを祀《まつ》る伊勢神宮は、全国の神社が織りなすヒエラルキーの頂点に立つが、この聖地もまた奈良時代から神仏習合《しゅうごう》の波にさらされていた。中世には、アマテラスと大日如来《だいにちにょらい》を同体視する、密教と神道が融合した両部《りょうぶ》神道が伊勢を拠点に広まり、両部神道は近世まで各地で強い影響力をもった。

ただし、そのような神仏習合下でも、伊勢神宮そのものには「神仏隔離」の強い伝統があり、僧侶は原則として社殿に近づくことはできず、石清水八幡宮《いわしみずはちまんぐう》などとちがって、外宮《げくう》・内宮《ないくう》ともに宮域内には仏寺・仏堂は存在しなかった。

その代わり、神宮周辺にはひしめき合うようにして数多《あまた》の寺院が建ち並んでいたのである。

江戸時代の外宮周辺（山田《やまだ》）をみてみると、宮域に隣接して世義寺《せぎでら》があった。世義寺は正式には教王山《きょうおうざん》神宮寺宝金剛院《ほうこんごういん》と号し、外宮のために仏事を行う法楽舎《ほうらくしゃ》をはじめ、多くの堂舎・塔頭《たっちゅう》を有した由緒ある密教寺院であった。このほかにも山田には諸宗の寺院が多数あった。ところが寛文《かんぶん》十年（一六七〇）、山田で市街地を焼き尽くす火事があり、百八十九カ寺が焼失。このうちのほとんどは、山田奉行の命令により、火事後、郊外に場所を移して再建された。世義寺は罹災を免れていたが、防火のためか、それとも宮域を仏寺が犯すことが憂慮されたためか、これを機に岡本町に移転させられ、外宮から遠ざけられることになった。こうして大火のあおりで外宮近隣から寺院の姿は消えた。

一方、内宮をみると、五十鈴《いすず》川にかかる宇治橋《うじばし》を渡った先は、現在では玉砂利《たまじゃり》が敷きつめられた「神苑」が広がっているが、近世には御師《おんし》たちの家や茶店がひしめいていた。そして内宮に隣接する五十鈴川の西岸、つまり現在の「おはらい町」（おかげ横丁はその一部）にあたる区域には、仏寺が建ち並んでいたのだ。

有力なものをあげると、鎌倉時代に蒙古《もうこ》軍撃退の祈願法楽が行われたという法楽舎（日照山神宮寺法楽舎）、豊臣秀吉の帰依《きえ》を受けた不動明王《ふどうみょうおう》を本尊とする明王院、臨《りん》済宗《ざいしゅう》尼寺の慶光院《けいこういん》である。慶光院は歴代院主が伊勢復興のために勧進《かんじん》を行ったことなどで知られ、院主は朝廷からは紫衣《しえ》と上人号《しょうにんごう》を勅許《ちょっきょ》されるなどの栄誉にあずかり、神宮の神官以上の権勢をもった（河野訓「伊勢における神仏分離」、ジョン・ブリーン編『変容する聖地　伊勢』所収）。

◎明治天皇参拝を機に伊勢からは寺院が一掃される

慶応《けいおう》四年（一八六八）に発せられた神仏分離令は、ほどなく伊勢の僧侶たちを動揺させたらしい。「近いうちに寺院がとりつぶされる」「仏葬祭が廃されて神葬祭に変えられる」などといった伊勢での風聞が、同年閏《うるう》四月には現地の浄土宗《じょうどしゅう》寺院から京都の本山知恩院《ちおんいん》へ報告されているからだ（「伊勢に於ける廃寺の件」）。

七月六日には山田奉行が廃されて度会府《わたらいふ》が開庁し、神宮のある宇治・山田は度会府に編入された。ここに幹部役人として採用されたのが、元内宮権禰宜《ごんねぎ》で尊皇《そんのう》心の篤い神道家浦田長民《うらたながたみ》で、伊勢の改革は彼が主導することになった。

十月、度会府は山田の住民に対して神葬祭を認める達《たっし》を出した。すなわち仏式葬の否定で、伊勢から寺院・僧侶を締め出そうという廃仏《はいぶつ》の動きが本格化した。これ以降、伊勢では僧侶の還俗《げんぞく》が相次ぐようになった。

さらに翌明治二年（一八六九）二月、度会府は、三月に予定されている明治天皇の神宮行幸《ぎょうこう》のためとして、参道にある仏閣・仏像の取り払いを命じた。

こうしたことにより、明治元年十一月から翌二年二月にかけて、およそ二百カ寺が還俗寺・廃寺となり、伊勢から一挙に大量の寺院が消えていった（「伊勢に於ける廃寺の件」）。慶光院は建物は残ったものの、院主は還俗して寺ではなくなった。

そして明治二年三月十二日には、明治天皇の内宮と外宮への参拝が実現した。天皇みずからが神宮に参拝することはそれまでタブーとされていたので、これは画期的なことであり、アマテラスと天皇、そして国家をリンクさせる、象徴的な出来事となった。

この後には、式年遷宮《せんぐう》、御師の廃止、神宮それ自体の改革が続いてゆく。こうしたプロセスをたどりながら、近代の天皇制国家日本、あるいは国家神道の至高の聖地として伊勢は再形成されてゆくのである。

靖国神社の創建

源流となった勤王派長州の招魂思想

◇新政府軍の戦死者を対象にした招魂祭がルーツ

戊辰《ぼしん》戦争における上野戦争で、新政府軍の攻撃によって彰義隊《しょうぎたい》が壊滅してからおよそ半月後の慶応《けいおう》四年（一八六八）六月二日、東征大総督有栖《ありす》川宮《がわのみや》熾仁親王《たるひとしんのう》の命にもとづき、江戸城（四月に無血開城されて新政府側のものとなっていた）の西丸《にしのまる》大広間に神座が設けられ、戦没新政府軍将兵のための招魂祭《しょうこんさい》が斎行《さいこう》された。招魂祭とは、死者の霊を招き降ろし神として祀る祭儀で、「慰霊祭」に似たニュアンスもある。

一方、同じ年の五月、新政府は「幕末の国事殉難者の霊を慰撫《いぶ》するため、京都・東山に祠宇《しう》を設けて合祀《ごうし》する」とする布告を出していて、七月、これを受けて京都の河《か》東《とう》操練場で招魂祭が挙行された。これが京都霊山《りょうぜん》護国神社のルーツとされる。

首都が東京に移転すると招魂社を新都に建設する案が生じ、明治二年（一八六九）六月二十八日、九段坂上に社殿が仮設されて「東京招魂社」が建立された。翌二十九

明治初期の東京招魂社。『東京百景　上』より。

日、勅幣《ちょくへい》が奉られ、仁和寺宮嘉彰《にんなじのみやよしあき》親王（のちに小《こ》松宮彰仁《まつのみやあきひと》親王）を祭主として、鳥羽《とば》・伏見《ふしみ》の戦いから箱館《はこだて》戦争にいたる新政府軍側の戦没者三千五百八十八名の招魂式が行われた。これが靖国《やすくに》神社の原点である。わずか十日ほどで完成した仮社殿は十数坪の広さにすぎない小さなものだったという。剣と鏡が神社の御霊代《みたましろ》（ご神体）として祀《まつ》られたが、鏡は前年の江戸城招魂祭のときに神籬《ひもろぎ》に奉懸されたものであった。

　明治七年には明治天皇がはじめて東京招魂社に行幸《ぎょうこう》して親拝。明治十二年には別格官幣社《べっかくかんぺいしゃ》となり、「靖国神社」と改称している。「靖国」の出典は『春秋左氏伝《しゅんじゅうさしでん》』の「吾以て国を靖んずるなり」とされているが、「安国（＝国を平穏に治めること)」「護国」の意も込められているという(『靖国神社誌』)。

しかし、東京招魂社すなわち靖国神社の思想的な原点は、これよりもさらにさかのぼるといわれている。

◎幕末の京都・祇園社に建てられた小祠が元宮

文久《ぶんきゅう》二年(一八六二)十二月、京都の東山・霊山の一角にあった霊明舎《れいめいしゃ》で、安政《あんせい》の大獄《たいごく》以来の国事殉難者のための招魂祭が、諸藩の藩士ら六十六名の参列を得て行われた。祭主は国学者の古川躬行《ふるかわみゆき》、会頭頭取は津和野《つわの》藩士で国学者の福羽美静《ふくばびせい》だったが、長州藩士が最も多く十五人を占めていた。文久三年七月には、京都の祇園社《ぎおんしゃ》(現・八坂《やさか》神社)境内に福羽ら津和野藩士十名が集まって小祠を建て、安政の大獄で処刑された吉田松陰《よしだしょういん》、橋本左内《はしもとさない》など幕末期の尊王攘夷《そんのうじょうい》派の殉難者四十六名の霊を祀り、私祭というかたちで弔祭を挙行した。だが、幕府から嫌疑を受けることをおそれて、のちに小祠は壊されて霊璽《れいじ》だけが福羽邸に移された(『靖国神社誌』ほか)。ずっと後のことになるが、これが昭和六年(一九三一)に靖国神社に奉納され、「元宮」と称された。祇園社の小祠が靖国神社の前身とみなされたからである。

ちなみに、一章でも触れたが、福羽美静は津和野藩では社寺改正や葬祭改革を立案していて、維新後は新政府に出仕し、神祇官《じんぎかん》再興、神仏分離などの神祇政策を推進した人物だ。

◎討幕・維新の総決算として長州閥が創建した

長州にルーツを求める見方もある。

元治《げんじ》元年（一八六四）七月十九日、京都で禁門《きんもん》の変（蛤御門《はまぐりごもん》の変）が起きて長州兵と幕府側諸藩兵が衝突するが、長州藩は惨敗し、御所に向けて発砲したことから朝敵とみなされることになる。その後、幕府は第一次長州征伐を起こす。しかし、戦闘になる前に長州藩は降伏し、十一月、幕府への恭順の証しとして禁門の変を直接指揮した三家老に切腹を命じ、幕府軍はその首級を確認すると撤兵した。

ところがその後、長州藩では保守派に抗して討幕《とうばく》派の高杉晋作《たかすぎしんさく》らが決起して実権を握り、再び幕府と対立。そんななか、慶応元年五月、藩政府公認のもと、宇部（現・

靖国神社参道の中央にそびえ立つ巨大な大村益次郎の銅像。1893年、大熊氏廣制作。

山口県宇部市）の琴崎《ことざき》神社（現・琴崎八幡宮《はちまんぐう》）に、長州征伐で自刃させられた家老福《ふく》原越後《はらえちご》の霊が合祀された（宇部は福原家の給領地だった）。これが長州藩において反幕府系の人物を神として祀った最初であるとされる。八月には晋作の提案にもとづいて下関に設置された桜山《さくらやま》招魂社（現・桜山神社）が完成し、国事に殉じた藩士らの霊を祀るため、招魂祭が執り行われた。

琴崎神社での越後合祀や桜山招魂社の招魂祭で祭主役を務めたのは、萩の椿《つばき》八幡宮第九代宮司《ぐうじ》の青山清《きよし》だが、彼は明治四年から東京招魂社に神職（祭事掛）として務め、明治十二年に同社が靖国神社となると、初代宮司に就任している。このようなことから、長州藩の招魂思想がのちの靖国神社の成立に大きな影響を与えたのだろうと近年では指摘されるようになっている（堀雅昭『靖国神社とは何だったのか』ほか）。

当初、東京招魂社の社地は彰義隊との戦いで焼け跡となった上野（現在の上野公園付近）が候補にあがった。「この土地を清浄にしたい」という長州藩出身の新政府幹部木戸孝允《きどたかよし》の意向をふまえたものであった。

ところが、やはり長州藩出身の軍政家で上野戦争を指揮した大村益次郎《おおむらますじろう》（日本陸軍の創始者）が、多くの血が流れた上野は「亡魂の地」であるとして異を唱え、九段坂上と決められた。この地は旗本屋敷が建ち並ぶ地域だったが、維新後は旗本がいなくなって土地が空き、また眺望がよかったからだという（吉原康和『靖国神社と幕末維新の祭神たち』）。

靖国神社の源流には、討幕派を代表する長州人の影が濃く揺曳《ようえい》している。神仏分離・廃仏毀釈《はいぶつきしゃく》の喧騒をよそに、討幕・維新の総決算として長州閥によって創建された——それが靖国神社の出発点であった。

東西本願寺の抵抗

幕末維新を左右した浄土真宗の実力

◇徳川幕府と親密だった東本願寺

浄土真宗《じょうどしんしゅう》（真宗）、とりわけその本山である京都の東西本願寺《ほんがんじ》は、幕末から維新にかけて、そしてそれ以後も、日本の宗教界で強い存在感を発し続け、幕府や朝廷、新政府に対しても無視できない影響力をもった（真宗は明治維新までは一向宗《いっこうしゅう》と呼ばれていたが、明治五年〔一八七二〕三月から真宗を公称とすることが許可された）。

まず幕末・維新についてみると、全国に門徒・末寺をもつ巨大教団組織ゆえの本願寺の集金力・財力が、為政者側を大きく惹きつけていた。

宗祖親鸞《しんらん》の末裔を法主《ほっす》（門主）にいただく本願寺は、江戸時代に東西に分裂して門徒も二分されることになったが、徳川幕府との関係が比較的親密だったのは東本願寺だ。幕末期に入ってもこの傾向は続き、東本願寺そのものは決して資金は潤沢ではなかったが（禁門《きんもん》の変では兵火を浴びて伽藍《がらん》が焼亡している）、長州征伐などで幕府から軍資金献納の要請があれば、門徒・末寺から兵糧・資金をかき集めてこれに応じている。

ところが、尊王攘夷《そんのうじょうい》運動が高まると、東本願寺も次第にこれに同情を寄せるようになり、また朝廷側も接近してくるようになった。そして、孝明《こうめい》天皇が将軍徳川家茂《とくがわいえもち》らを従えて賀茂社《かもしゃ》で攘夷祈願を行った文久《ぶんきゅう》三年（一八六三）に西本願寺が朝廷へ金一万両を献納すると、東本願寺もこれにならって一万両を朝廷に献納している。

幕府が衰えて慶応《けいおう》三年（一八六七）についに大政奉還《たいせいほうかん》、王政復古《おうせいふっこ》となると、東本願寺は朝廷＝新政府側に従うことを誓約。翌慶応四年正月に戊辰《ぼしん》戦争がはじまって新政府から兵糧の調達を命じられると、第二十一世法主厳如《ごんにょ》自らが草鞋《わらじ》に竹杖姿で地方を巡錫《じゅんしゃく》して勧募につとめ、あわせて二万四千五百両・米三千九百俵あまりを新政府に献納している（小川原正道『近代日本の戦争と宗教』）。

◇はやくから勤王派だった西本願寺

一方の西本願寺は、幕末にはいちはやく勤王《きんのう》派についた。

これには、尊王攘夷派の吉田《よしだ》松陰《しょういん》に共鳴した長州の真宗僧月性《げっしょう》が、安政《あんせい》三年（一八五六）、西本願寺第二十世法主広如《こうにょ》に面会して勤王を説いたことが大きく影響しているとみられる。また、勤王派が強い長州に西本願寺派の門末がもともと多かったことも要因としてあげられよう。ちなみに、慶応二年の第二次長州征伐では長州の西本願寺派僧大洲《おおず》鉄然《てつねん》が僧侶隊を組織して幕府軍と戦っている。

そして、先にも記したが、文久三年、広如は全門末に対して、国家有事の際には勤王報国に尽くすよう直諭し、朝廷に一万両を献じたのだ。

戊辰戦争になると、西本願寺は御所近辺の警固を任じられ、また東本願寺に負けじと新政府に献金を重ねることになり、広如の養子で法嗣《ほうし》である徳如《とくにょ》は、やはり東本願寺の厳如と同じように、草鞋に竹杖姿で畿内をまわって軍資金の勧募にまわった。また、西本願寺門徒は新政府の募兵にも積極的に応じたという。

このように、経済面からみるならば、両本願寺の巨額の財政支援が幕末維新の回天史を左右したといっても決して過言ではない。

◇「政教分離」「信教の自由」を唱え出した真宗

東西本願寺が競って新政府に協力するなかで、神仏分離令が発せられた。真宗は阿弥陀如来《あみだにょらい》への絶対他力の信仰を骨子とするため、「神祇不拝《じんぎふはい》」を教義のなかに掲げていた。したがって、他の仏教諸派に比べると神仏習合《しゅうごう》色が薄く、寺の境《けい》内地《だい》に鎮守社《ちんじゅしゃ》や稲荷社《いなりしゃ》が建っているということもなく、神仏分離で実害を受けることは比較的少なかった。もっとも、「神祇不拝」という教義は、神仏分離に刺激されて発生した廃仏毀釈《はいぶつきしゃく》や新政府の神道中心主義からは格好の攻撃対象になってもおかしくなかったが、逆に真宗はこれを機に護法理論を研鑽《けんさん》して理論武装をし、批判をはねのけた。地方で発生した寺院廃合では多くの真宗寺院も憂き目にあったが、新政府とパイプをもつ東西本願寺がこれに介入して被害の拡大を防いでいる（174ページ参照）。それどころか、三河大浜《みかわおおはま》騒動のように廃仏に対して果敢にプロテストする門末も存在した（176ページ参照）。

廃仏毀釈の嵐がようやく収まった明治五年三月、政府は仏教側の要請もあって、神祇省を廃止して教部省《きょうぶしょう》を設置し、全国の神職・僧侶を教導職に任じて神仏各派合同の

晩年の島地黙雷。真宗の近代化に取り組んだ。

「大教宣布《たいきょうせんぷ》運動」を開始させ、教化の拠点として東京に大教院が置かれた。「大教」とは、従来の習合系神道、民俗的な神道をも包摂した天皇を中心とした神道の意で、新政府はこの国教的な宗教の国民布教に、真宗をはじめとする仏教諸派の力を動員しようとしたのである。これは神仏分離令で大打撃を被った仏教勢力の復興の端緒ともなり、また解禁されつつあるキリスト教への防遏《ぼうあつ》策という意味合いももった。

しかし、この運動は実際には神道を主、仏教を従とするものであったため、仏教側の反発を招くようになる。最も強く抵抗したのが真宗で、大教院そのものからの離脱を企てるようになる。離脱運動の先頭に立ったのは、一年半におよぶ外遊から帰国したばかりの西本願寺派僧侶島地黙雷《しまじもくらい》だ。ヨーロッパの宗教事情を視察して「宗教＝レリジョン」という概念を受容した黙雷は、近代国家の確立には「政教分離」「信教の自由」が必須であることを痛感していた。

結局、明治八年一月に真宗は大教院離脱を認められ、五月には大教院そのものが解散して大教宣布運動は頓挫《とんざ》。十一月には信教の自由を許容する姿勢を示す教部省口達《こうたつ》が出され、明治十年には教部省そのものが廃止されている。真宗の動向が明治の宗教政策全体を左右したといえよう。

真宗はこの後も、国家神道的な動きを牽制しつつ、日本社会に強い影響力をもち続ける。

ただし、阿弥陀如来への絶対的な帰依《きえ》はファナティックな国家主義と相似的な構造をもち、また宗教的真理（仏法）と世俗的真実（国家の秩序）を相補的なものとしてともに重んじる「真俗二諦《しんぞくにたい》」という真宗の教義も、国家主義と親和性があった。そのため、昭和戦前の国体論は真宗と国家主義が接続・融合することで強化されたという指摘も近年ではなされている（中島岳志『親鸞と日本主義』）。

宮中三殿の成立

皇室の神仏分離と新しい伝統の創出

◇天皇の先祖供養の場だった御所内の御黒戸

京都御所には中世以来「御黒戸《おくろど》」と呼ばれる部屋があった。御所の改築の度に場所や規模は変わったが、十五世紀初頭造営の土御門内裏《つちみかどだいり》では清涼殿《せいりょうでん》の北にあった。

ここはいうなれば天皇の仏間で、歴代天皇の位牌《いはい》や念持仏《ねんじぶつ》、仏具が安置されていた。そこに安置された仏像の数は明治初年までには六十四体に達したといい、江戸時代の天皇はこの御黒戸でみずから経をよみ、仏を拝み、先祖供養をした。

神武《じんむ》天皇にはじまる歴代天皇の神霊を「皇霊《こうれい》」というが、つまり、明治維新までは、皇霊の祭祀《さいし》は仏教式に営まれていたのだ。ちなみに「御黒戸」の称の由来は『徒然《つれづれ》草《ぐさ》』にみえ、即位前から料理をたしなんでいた光孝《こうこう》天皇がここで料理のために薪を焚《た》き、その煤《すす》で黒く染まったことによるという。

だが、神仏分離令が出されると、ほどなく皇室にもその波がおよび、矛先はまず皇霊祭祀に向けられた。

明治元年（一八六八）十二月二十五日は仏教式にいえば孝明《こうめい》天皇の三回忌にあたっていたが、この日、御所の紫宸殿《ししんでん》に神座《しんざ》が設けられて御霊代《みたましろ》が奉安され、明治天皇が神道式に国忌祭儀《こっきさいぎ》を行った。祭儀終了後、天皇は皇室の菩提寺《ぼだいじ》である泉涌寺《せんにゅうじ》に行幸《ぎょうこう》し、寺域にある孝明天皇陵を参拝した。孝明天皇三年祭は、皇室の祖先祭祀（皇霊祭祀）を神道式に改めたものの初例となった。宮中の神仏分離の第一歩である。

◇宮中で神道式に祀られるようになった歴代天皇の神霊

明治二年三月、明治天皇が三種の神器を奉じて東京に行幸し、東京遷都が正式に実現して旧江戸城が皇居（宮城《きゅうじょう》）となると、皇霊祭祀は新たなかたちをとりはじめる。

維新後は古代にならって祭祀や神祇《じんぎ》行政を司る役所として神祇官が再興されたが、明治二年六月二十八日、明治天皇は神祇官（皇居近辺に所在したと思われる）に行幸し、天神地祇《てんじんちぎ》（天《あま》つ神《かみ》と国つ神）、八神、そして皇霊を親祭し、祭政一致などを奉告《ほうこく》した。「八神」とは、神産日神《かみむすひのかみ》、高御産日神《たかみむすひのかみ》をはじめとする八柱の宮廷の守護神で、古代の神祇官の神殿でも祀《まつ》られていた、皇室にとっては重要な神々である。ちなみに、翌日に東京招魂社《しょうこんしゃ》（靖国《やすくに》神社の前身）が創祀《そうし》されている。

神祇官にはこの後、仮神殿が造営され、十二月十七日、中央に八神、東座に天神地祇、西座には歴代皇霊が鎮祭された。八神に加えて、天神地祇と皇霊も神祇官に奉斎《ほうさい》されるというのは古来なかったことで、これは、神祇官すなわち政府が、全神社の全祭神を直接管理するという、祭政一致の中央集権国家の姿勢を示すものだった。

ところが、明治四年八月に神祇官が神祇省へと格下げになると、翌九月、旧神祇官神殿から皇霊のみ皇居の賢所《かしこどころ》に遷《うつ》された。賢所とは、三種の神器のひとつである神鏡（正確にいうと、伊勢神宮のご神体である八咫鏡《やたのかがみ》の分霊）が祀られている神殿である。格下の神祇省に皇霊を祀ることは畏れ多いということで宮中に遷したのだろう。かつて宮中の御黒戸で仏教式に供養されていた皇霊は、変遷の末に結局、宮中で神道式に祭祀されることになったのだ。

さらに明治五年三月に神祇省が廃止になると、神祇省神殿に鎮座《ちんざ》していた天神地祇と八神は皇居の賢所御拝所に遷された。加えて十一月には八神と天神地祇は合併されることとなり、両者はあわせて天神地祇と総称された。

こうして、宮中の賢所に、神鏡、皇霊、天神地祇（八百万《やおよろず》の神）の三つが、いわば皇室神道の主祭神として祀られることになったのである。

明治六年に皇居が炎上したためにこれらは一時、赤坂仮御所に遷されるが、明治二十二年一月、つまり大日本帝国憲法発布のひと月前に、新皇居の吹上《ふきあげ》御所内に新たに造営された賢所、皇霊殿、神殿の三神殿にそれぞれ神鏡、皇霊、天神地祇が遷座された。これが宮中三殿《きゅうちゅうさんでん》のはじまりである。このうちの皇霊には、明治十年に歴代天皇霊のほかに歴代の皇后・皇族の神霊も合祀《ごうし》されていた。

皇居の宮中三殿は、新嘗祭《にいなめさい》の祭場である神嘉殿《しんかでん》とともに、皇霊祭をはじめとする新たに編成された宮中祭祀の祭場となり、現在に至っている。

◇御所から泉涌寺に移建された御黒戸

京都御所の御黒戸はどうなったのだろうか。

皇霊の位牌と歴代天皇の念持仏は主を失ったまま、しばらく御所の御黒戸に置かれていたが、明治四年、御所から締め出され、方広寺《ほうこうじ》境内の一角（現在の京都国立博物館がある場所）に新造されていた恭明宮《きょうめいきゅう》に移されて奉安された。この年には、太元帥《たいげんの》法《ほう》、後七日御修法《ごしちにちのみしほ》など、鎮護国家・玉体安穏《ぎょくたいあんのん》のために行われる密教式の勅会《ちょくえ》（天皇の命令によって行われる法会《ほうえ》）が太政官《だじょうかん》布告により廃止となっている。明治六年に恭明宮が廃止されると、位牌と仏像は泉涌寺に移された。このうち仏像は最終的に境内の海会堂《かいえどう》に移された。海会堂は御所内の御黒戸を移築したものである。

御所から仏間が除かれ、東京の皇居で皇霊が祭祀されるようになったことで、皇室の神仏分離は完了した。皇室の神仏分離と、明治憲法で日本の統治者と規定された天皇が全神霊・全皇霊を親祭する場として用意された宮中三殿の成立は、祭政一致を目的に掲げて行われた明治における神仏分離全体の、ひとつの帰着点でもあった。

◇江戸時代までは即位礼も神仏習合だった

最後に、もう一点だけ、皇室における象徴的な神仏分離に触れておこう。

中世から江戸時代まで、天皇の即位儀礼では「即位灌頂《かんじょう》」という仏教儀礼もあわせて行われていた。これは、即位式において紫宸殿の玉座（高御座《たかみくら》）に着くとき、新天皇が両手で秘印を結び真言《しんごん》を唱えて大日如来《だいにちにょらい》との一体化をはかる、という密教の秘法だ。

即位灌頂を行うための秘印と真言の口伝《くでん》を印明《いんみょう》伝授といい、アマテラスから皇孫に伝えられたという秘説もあるが、江戸時代には摂関《せっかん》家のひとつである二条家の当主が新天皇に印明伝授を行う役を伝統的に担った。

そして、即位式のあとに、神道式の即位儀礼である大嘗祭《だいじょうさい》が執り行われた。

要するに、中世から孝明天皇までは、天皇の即位儀礼は神仏習合《しゅうごう》形式で行われていたのだ。

神仏分離の狂乱が日本中を襲っていたさなかの慶応《けいおう》四年（一八六八）八月二十七日、明治天皇の即位式が京都で行われた。むろん即位灌頂は廃止され、儀式そのものは古代以来の唐制（中国式）から、奉幣《ほうへい》や祝詞《のりと》奏上を採り入れた「神道式」へと改められた。

こうして、またひとつ「伝統」が創出されたのである。

文庫版あとがき

本書の元版は平成三十年（二〇一八）十月に洋泉社から洋泉社歴史新書の一冊として刊行された『神と仏の明治維新』である。同社は残念ながら令和二年（二〇二〇）二月に解散となり、この本も絶版となったが、その後、洋泉社の親会社にあたる宝島社から再刊されることになり、旧著に加筆して再編集し、改題も施した。それが同年十一月に宝島社新書として出版された『仏像破壊の日本史　神仏分離と廃仏毀釈の闇』である。さらに今般、宝島ＳＵＧＯＩ文庫にも加えられることになった。文庫化にあたって改題したが、本文には最低限の修正しか施していない。

旧著の企画意図は、平成三十年が明治改元から百五十年という節目の年にあたっていたことを意識して、明治維新のひとつの発火点となった神仏分離と、それに引き続いて生じた廃仏毀釈の歴史を概説してみようというものであった。日本の代表的な寺社が短期間で神仏習合の形態を廃し、外観だけでなく信仰の面でも激しく変化していった様をたどることは、筆者としては新鮮な経験であったし、驚きの連続でもあった。

そして、こんなふうにも考えた。「明治の神仏分離」を視座にとるなら、近代の神社神道は明治新政府の宗教政策によって生まれた一種の「新宗教」であり、現在の神社神道もその延長線上にあるといえるのではないか、と――。

ちなみに、神仏分離令の中核である慶応四年（一八六八）三月二十八日の太政官《だじょうかん》布告が正式に廃されたのは、昭和二十一年（一九四六）二月二日に出された内務省訓令によってである。そして同日、内務省外局の神祇院《じんぎいん》（神祇官の後身）も廃止。翌日、これに代わる神社の統轄組織として発足したのが、宗教法人神社本庁だ。

洋泉社新書版の編集では本多秀臣さんのお世話になった。宝島社新書版では梨本敬法さんにお骨折りいただいたが、同氏は惜しくも令和五年末に病没された。この文庫版にも収録した口絵は氏のアイデアによるもので、8、9ページに掲載された写真は氏が取材・撮影したものであることを付記しておきたい。

令和七年一月

古川順弘

神仏分離・廃仏毀釈関連年表

☆はいわゆる「神仏分離令」にあたるもの。
★は巻末「神仏分離関連のおもな法令」に原文を掲載。

慶応3年（1867）	
6月13日	長崎浦上の隠れキリシタンが弾圧を受け、投獄される（浦上四番崩れ）
12月9日	明治天皇によって「王政復古の大号令」が発せられ、新政府が設立される
慶応4年（1868）※9月8日明治改元	
1月3日	戊辰戦争起こる
1月17日	新政府、三職七科の制を定め、七科のひとつとして神祇事務科が置かれる
2月3日	三職七科の制が三職八局の制に改められ、神祇事務局が設置される
3月13日	王政復古・祭政一致の制に復し、神祇官が再興される★
3月14日	明治天皇、皇居紫宸殿の神前にて五カ条を誓約する（五箇条の御誓文）
3月15日	新政府、「五榜の掲示」を出し、「切支丹邪宗門ノ儀ハ堅ク御制禁タリ」としてキリスト教は従来どおり厳禁される
3月17日	諸国神社の別当・社僧を還俗させる（神仏分離令のはじめ）〈神祇事務局達〉☆★
3月28日	神仏混淆禁止の指令が出される〈太政官布告〉☆★
4月1日	日吉社の神職、延暦寺と対立し仏像・仏具などを破却・略奪する（廃仏毀釈のはじめ）

4月10日	神仏分離実施を慎重にすべきとの指令が出される〈太政官仰〉☆★
4月13日	日吉祭を日吉社一社にて行うこととし、延暦寺を排除する〈太政官達〉☆
4月24日	神祇の菩薩号を廃止し、八幡大菩薩を八幡大神とする〈太政官達〉☆★
4月29日	興福寺の僧侶全員が還俗し春日社の神職になることが政府により認められる
閏4月4日	別当・社僧に還俗を命じ、神主・社人と称させる〈太政官布告〉☆
閏4月21日	神祇事務局が神祇官に改められる
5月3日	石清水八幡宮の大菩薩号を廃止し、神饌に魚味を供させる〈太政官布告〉☆
5月15日	新政府軍、上野の彰義隊を攻撃し、寛永寺が炎上する
5月30日	京都の祇園社、八坂神社と改称する
6月1日	浦上キリシタンのうち114名が津和野・萩・福山へ配流される
6月22日	真宗各派に神仏分離が廃仏毀釈ではない旨を論達する〈御沙汰〉☆
7月19日	石清水八幡宮の放生会を中秋祭と改める〈太政官達〉☆
7月25日	北野天満宮の神饌に魚味を供進させる〈太政官達〉☆
8月27日	明治天皇の即位礼が古式により行われ、唐制が廃される
9月6日	京都の白峯宮で崇徳天皇神霊の鎮座祭が執行される
9月18日	神仏分離令の趣旨を論し、僧侶がみだりに復飾することを禁じる〈行政官布告〉☆★
10月13日	江戸城が東京城と改称されて皇居に定められ、神祇官出張所が置かれる

10月18日	日蓮宗の三十番神・十界曼荼羅に天照皇大神・八幡大神などを祀ることが禁止される〈御沙汰〉☆
12月25日	孝明天皇三年祭が京都御所で神道式に執行される
明治2年（1869）	
3月12日	明治天皇が伊勢神宮を親拝し、王政復古を奉告する
6月17日	版籍奉還が実施される
6月29日	東京九段坂上に東京招魂社（靖国神社の前身）が創祀される
7月8日	官制が改められ、神祇官が太政官外に特立される
9月29日	「大教」の宣教を行う職として宣教使が置かれ、全国の神職がこれに任命される
11月	薩摩藩で廃仏令が出され、激しい廃仏が行われる
12月17日	神祇官仮神殿に八神、天神地祇、歴代皇霊が鎮祭される
明治3年（1870）	
1月3日	〈大教宣布の詔〉が出され、「惟神の大道」が宣揚される
閏10月27日	富山藩、領内の寺院を一宗につき一寺とする
明治4年（1871）	
1月5日	社寺領上知令が出され、社寺は境内地を除く領有地を国家に没収される〈太政官布告〉
3月8日	三河国大浜で藩の廃仏政策に抗して真宗門徒ら蜂起する（10日まで。三河大浜騒動）

5月14日	神社はすべて国家の宗祀とされ、神官の世襲は廃止され、社格制度・神官職制が定められる〈太政官布告〉
7月14日	廃藩置県を命じる詔書が出される
8月8日	神祇官が廃止され、太政官の下に神祇省が設置される
9月30日	旧神祇官神殿に祀られていた歴代皇霊が皇居の賢所に遷される
明治5年（1872）	
3月14日	神祇省が廃止され、教部省が設置される
3月27日	神社仏閣の女人禁制が廃止され、登山参詣も自由になる〈太政官布告〉
4月2日	旧神祇省神殿の天神地祇・八神が皇居賢所に遷され、宮中に神鏡・皇霊・天神地祇の3つが揃って祀られる（宮中三殿の原型）
4月25日	教部省、大教宣布のため教導職を置く。僧侶の蓄髪・妻帯・肉食が許可される
9月15日	修験宗が廃止され、修験者は天台宗・真言宗のいずれかの所属となる〈太政官布告〉
明治6年（1873）	
1月1日	太陽暦が採用される
2月14日	大教宣布運動の拠点として、増上寺大殿に大教院が設置される
2月24日	キリシタン禁制の高札が撤去される（キリスト教布教の黙認）〈太政官布告〉

【参考文献】山折哲雄監修『日本宗教史年表』（河出書房新社）、文化庁編『明治以降宗教制度百年史』、『法令全書』ほか

参考資料　神仏分離関連のおもな法令

慶応四年（一八六八）　※九月八日明治改元

［三月十三日］祭政一致ノ制度ニ復シ、神祇官ヲ再興シ、諸家執奏《しっそう》配下ヲ廃シ、諸神社神主等神祇官ニ附属セシムルヲ令《れい》ス

此度《このたび》、王政復古神武創業ノ始《はじめ》ニ被為基《もとづかせられ》、諸事御一新、祭政一致之御制度ニ御回復被遊候《あそばされそうろう》ニ付テハ、先《まず》第一、神祇官御再興御造立ノ上、追々《おいおい》諸祭奠《さいてん》モ可被為興《おこさせらるべき》儀被仰出《おおせいだされ》候。依《より》テ此旨、五畿七道諸国ニ布告シ、往古ニ立帰リ、諸家執奏配下之儀ハ被止《とどめられ》、普《あまね》ク天下之諸神社神主禰宜《ねぎ》祝《はふり》神部《かんべ》ニ至《いたる》迄、向後右神祇官附属ニ被仰渡《おおせわたされ》候間、官位ヲ初《はじめ》諸事万端、同官ヘ願立候様可相心得《あいこころえべく》候事。

　但《ただし》、尚追々諸社御取調幷《ならびに》諸祭奠ノ儀モ可被仰出候得共《おおせいださるべくそうらえども》、差向急務ノ儀有之《これあり》候者ハ、可訴出《うったえいずべく》候事。

［三月十七日］諸国神社ノ別当社僧等ヲ復飾セシメ、僧位僧官ヲ返上セシム（神祇事務局達）

諸社へ

今般王政復古旧弊御一洗被為在《あらせられ》候ニ付、諸国大小ノ神社ニ於テ僧形ニテ別当或ハ社僧抔《など》ト相唱ヘ候輩《やから》ハ、復飾被仰出《おおせいだされ》候。若シ復飾ノ儀無余儀差支有之分《よぎなくさしつかえこれあるぶん》ハ、可申出《もうしいずべく》候。仍《より》テ此段可相心得《あいこころえべく》候事。

　但、別当社僧ノ輩復飾ノ上ハ、是迄ノ僧位僧官返上勿論ニ候。官位ノ儀ハ追テ御沙汰可被為在《あらせらるべく》候間、

　当今ノ処、衣服ハ浄衣ニテ勤仕可致《いたすべく》候事。

右ノ通相心得致復飾《ふくしょくいたし》候面々ハ、当局ヘ届出可申《もうすべく》者也。

〔三月二十八日〕仏語ヲ以テ神号ト為ス神社ハ、其事由ヲ録上セシメ、及仏像ヲ以テ神体ト為ス神社ヲ改メ、社前ニ仏像仏具アル者ハ、之ヲ除却セシム（太政官布告）

一　中古以来、某権現或ハ牛頭天王之類、其外仏語ヲ以神号ニ相称《となえ》候神社不少《すくなからず》候。何レモ其神社之由緒委細ニ書付、早々可申出《もうしいずべく》候事。

但、勅祭之神社、御宸翰、勅額等有之候《これありそうろう》向《むき》ハ、是又可伺出《うかがいいずべく》、其上ニテ御沙汰可有之《これあるべく》候。其余之社ハ裁判鎮台領主支配頭等ヘ可申出候事。

一　仏像ヲ以神体ト致《いたし》候神社ハ、以来相改可申《もうすべく》候事。

附、本地抔《など》ト唱ヘ、仏像ヲ社前ニ掛、或ハ鰐口《わにぐち》梵鐘仏具等之類差置候分ハ、早々取除キ可申《もうすべく》事。

右之通被仰出《おおせいだされ》候事。

〔四月十日〕神社中仏像ヲ除却スルハ稟候措置セシメ、社人僧侶共粗暴ノ行為勿《なか》ラシム（太政官仰）

諸国大小之神社中仏像ヲ以テ神体ト致シ、又ハ本地《ほんじ》抔《など》ト唱ヘ仏像ヲ社前ニ掛《かけ》、或ハ鰐口《わにぐち》梵鐘仏具等差《さし》置《おき》候分ハ、早々取除相改可申旨《とりのぞきあいあらためもうすべく》、過日被仰出《おおせいだされ》候。然ル処、旧来社人僧侶、不相善《あいよからず》氷炭之如ク候ニ付、今日ニ至リ社人共俄《にわか》ニ威権ヲ得、陽ニ御趣意ト称シ、実ハ私憤ヲ霽《はら》シ候様之所業出来候テハ、御政道ノ妨《さまたげ》ヲ生シ候、而已《のみ》ナラス、紛擾ヲ引起可申ハ必然ニ候。左様相成候テハ実ニ不相済《あいすまず》儀ニ付、厚ク令顧慮緩急宜《よろしく》ヲ考ヘ、穏《おだやか》ニ可取扱《とりあつかうべく》ハ勿論、僧侶共ニ至リ候テモ生業ノ道ヲ不失《うしなわず》、益《ますます》国家之御用相立《あいたち》候様、精々可心掛《こころがけべく》候。且《かつ》神社中ニ有之《これあり》候仏像仏具等、取除候分タリトモ、一々取計向伺出《うかがいいで》御差図可受《うけべく》候。若《もし》以来心《こころ》得《え》違《ちがい》致シ、粗暴ノ振舞等於有之ハ、屹度《きっと》曲事《くせごと》可被仰付《おおせつけらるべく》候事。

但　勅祭之神社、御宸翰《しんかん》、勅額等有之候向ハ、伺出候上、御沙汰可有之《これあるべく》、其余ノ社ハ裁判所鎮台領主地頭等へ委細可申出《もうしいずべく》事。

［四月二十四日］石清水《いわしみず》以下八幡大菩薩《はちまんだいぼさつ》ノ号ヲ止メ、八幡大神ト奉称セシム（太政官達）

此度大政御一新ニ付、石清水宇佐筥崎《はこざき》等八幡大菩薩之称号被為止《とめなされ》、八幡大神ト奉称《しょうしたてまつり》候様、被仰出《おおせいだされ》候事。

［九月十八日］僧侶ノ妄《みだり》ニ復飾スルヲ止ム（行政官布告）

神仏混淆不致《いたさず》様、先達テ御布令有之候《これありそうら》得共《えども》、破仏之御趣意ニハ決テ無之《これなく》候処、僧ニ於テ妄《みだり》ニ復飾之儀願出候者、往々有之、不謂《いわず》事ニ候。若《もし》モ他之技芸有之、国家ニ益スル儀ニテ還俗致度《いたしたき》事ニ候ヘハ、其能御取調之上、御聞届モ可有之候ヘ共、仏門ニテ蓄髪致シ候儀ハ、不相成《あいならざる》候間、心得違無之様、御沙汰候事。

＊内閣官報局編『法令全書』より。読み仮名、句読点は古川が補った。

【主要参考文献】

『明治維新神仏分離史料』（全五巻）名著出版（一九二六〜二九年に東方書院から刊行されたものの復刻版）／阿満利麿『日本人はなぜ無宗教なのか』ちくま新書／網野宥俊『浅草観世音の話』神宮館／伊坂道子『芝増上寺境内地の歴史的景観』岩田書院／泉谷康夫『興福寺』吉川弘文館／大森恵子『稲荷信仰と宗教民俗』岩田書院／大神神社編『大神神社』学生社／小川原正道『近代日本の戦争と宗教』講談社／片岡弥吉『浦上四番崩れ』ちくま文庫／勝山市編『白山平泉寺』吉川弘文館／久保田収『八坂神社の研究』臨川書店／阪本健一『明治神道史の研究』国書刊行会／阪本是丸『国家神道形成過程の研究』岩波書店／谷川健一編『日本の神々』（全十三巻）白水社／圭室文雄『神仏分離』教育社歴史新書／東京国立博物館編『内山永久寺の歴史と美術』東京美術／戸川安章『出羽三山修験道の研究』佼成出版社／中島岳志『親鸞と日本主義』新潮社／名畑崇『本願寺の歴史』法蔵館／奈良本辰也ほか『明治維新の東本願寺』河出書房新社／ジョン・ブリーン『神都物語　伊勢神宮の近現代史』吉川弘文館／ジョン・ブリーン編『変容する聖地　伊勢』思文閣出版／堀雅昭『靖国神社とは何だったのか』宗教問題／村上重良『天皇の祭祀』岩波新書／守屋毅編『金毘羅信仰』雄山閣出版／安丸良夫『神々の明治維新』岩波新書／山口和夫『近世日本政治史と朝廷』吉川弘文館／吉原康和『靖国神社と幕末維新の祭神たち』吉川弘文館／『大神神社史』大神神社／『神宮　明治百年史』（全四冊）神宮司庁／『増補改訂　近代神社神道史』神社新報社／『天理市史　史料篇第一巻』天理市／『日本近代思想大系5　宗教と国家』岩波書店／『日本古寺美術全集第三巻　薬師寺と唐招提寺』集英社／『伏見稲荷大社御鎮座千三百年史』伏見稲荷大社／『靖国神社誌』靖国神社／新谷尚紀監修『神社に秘められた日本史の謎』宝島SUGOI文庫

古川順弘(ふるかわ のぶひろ)

1970年神奈川県生まれ。早稲田大学第一文学部卒業。宗教・歴史分野をメインとする編集者・ライター。著書に『神社に秘められた日本史の謎』(新谷尚紀監修、宝島SUGOI文庫)、『宝と夢と幻と　ソロモンの秘宝を追いつづけた男、宮中要春の残影』(西田茂雄写真、国書刊行会)、『京都古社に隠された歴史の謎』(ウェッジ)、『紫式部と源氏物語の謎55』(PHP文庫)、『人物でわかる日本書紀』(山川出版社)、『古代神宝の謎』(二見書房)などがある。

＊本書は2018年10月に洋泉社より刊行された歴史新書『神と仏の明治維新』を増補改訂・改題して、2020年11月に小社より刊行した宝島社新書『仏像破壊の日本史　神仏分離と廃仏毀釈の闇』を改訂・改題の上、文庫化したものです。

宝島
SUGOI
文庫

僧侶はなぜ仏像を破壊したのか
国宝に秘められた神仏分離・廃仏毀釈の闇

(そうりょはなぜぶつぞうをはかいしたのか
こくほうにひめられたしんぶつぶんり・はいぶつきしゃくのやみ)

2025年3月11日　第1刷発行

著　者　古川順弘
発行人　関川 誠
発行所　株式会社 宝島社
〒102-8388　東京都千代田区一番町25番地
電話:営業 03(3234)4621 ／編集 03(3239)0599
https://tkj.jp

印刷・製本　株式会社広済堂ネクスト

First published 2018 by Yosensha Co., Ltd.
Printed in Japan
ISBN978-4-299-06522-3